Carl Lahmeyer

**Das Pronomen in der französischen Sprache**

Carl Lahmeyer

**Das Pronomen in der französischen Sprache**

ISBN/EAN: 9783744709583

Hergestellt in Europa, USA, Kanada, Australien, Japan

Cover: Foto ©Andreas Hilbeck / pixelio.de

Weitere Bücher finden Sie auf **www.hansebooks.com**

# Das Pronomen

## in der französischen Sprache

### des 16ten und 17ten Jahrhunderts.

---

## Inaugural-Dissertation

zur

### Erlangung der philosophischen Doctorwürde

an der

### Friedrich-Alexander-Universität zu Erlangen

von

### Carl, Lahmeyer.

---

Göttingen,

Druck der Univ.-Buchdruckerei von E. A. Huth.

1886.

# Seiner Mutter

in

dankbarer Liebe

gewidmet.

# Benutzte Werke.

Cl. Marot: Oeuvres complètes. Paris 1868.

Fables de J. de La Fontaine. Berlin 1881.

Contes et Nouvelles en vers par Jean de la Fontaine. Paris 1808.

Blaise Pascal: Les Provinciales. Berlin 1878.

Mathurin Regnier: Oeuvres. Paris 1875.

Les grands écrivains de la France. Racine. Paris 1873.

Molière: Oeuvres. Paris 1882.

Corneille: Oeuvres. Leipzig 1852.

L'Heptameron des nouvelles de très haute et très illustre princesse Marguerite d'Angoulême, reine de Navarre, nouvelle édition publiée sur les manuscrits par la Société des Bibliophiles françois. Paris 1853.

F. Génin: Lexique comparé de la langue de Molière. Paris 1846.

Fr. Godefroy: Lexique comparé de la langue de Corneille. Paris 1862.

Vaugelas: Remarques sur la langue française. 1647.

W. List: Syntactische Studien über Voiture. Franz. Stud. I.

Fr. Glauning: Versuch über die syntactischen Archaismen bei Montaigne. Herrig's Archiv, Band 49.

Fr. Glauning: Syntactische Studien zu Marot. 1873. (Erlanger Diss.

E. Gessner: Zur Lehre vom französischen Pronomen. Berlin I. 1873. II. 1874.

A. Giesecke: Die Demonstrativa im Altfranzösischen. 1880. (Rostocker Diss.)

A. Haase: Bemerkungen über die Syntax Pascal's. Zeitschrift für neufranzösische Sprache und Literatur. Band IV. (Nfrz. Zs.)

A. Haase: Syntactische Untersuchungen zu Villehardouin und Joinville. Oppeln 1884.

W. Edouard Lidforss: Observations sur l'usage syntaxique de Ronsard et de ses contemporains. Norrköping 1865.

Th. Nordstroem: Observations sur la langue et la versification de Mathurin Regnier. Lund 1870.

G. Radisch: Die Pronomina bei Rabelais. Leipzig 1878.

Grosse: Syntactische Studien zu Jean Calvin. Herrig's Archiv. Band 61.

Graefenberg: Beiträge zur französischen Syntax des 16ten Jahrhunderts. Erlangen 1885.

Plattner: Französische Schulgrammatik. Karlsruhe 1883.

Chassang: Nouvelle grammaire française. Cours supérieur. Paris 1884.

Lücking: Französische Grammatik. Berlin 1883.

Darmesteter et Hatzfeld: Le seizième siècle en France. Paris 1883.

F. Diez: Grammatik der romanischen Sprachen. III. Bonn 1844.

Maetzner: Syntax der neufranzösischen Sprache. Berlin 1843.

Maetzner: Französische Grammatik. Berlin 1878.

Littré: Dictionnaire de la langue française. Paris 1863.

## Pronomen Personale.

Im Altfranzösischen existirte der Unterschied zwischen verbundenem und absolutem Personalpronomen noch nicht. Die verbundenen Personalpronomina wurden an Stelle der absoluten gesetzt, und erst seit dem 15ten Jahrhundert wurde der Accusativ *moi, toi, lui, eux* als Subject angewandt und begann den ursprünglichen Nominativ zu verdrängen. 1. Indessen die erste Hälfte des 16. Jahrhunderts bietet uns noch Beispiele des alten Gebrauches. Marot und Rabelais haben ihn noch einige Male, besonders, wenn das Subject vom Verbum durch eine eingeschobene Ergänzung, d. h. durch betonte Worte getrennt wurde, aber sie setzten das verbundene Fürwort auch vollkommen absolut. Montaigne ist schon ganz mit dem modernen Gebrauch in Einklang.

1te Person:

Calv. Inst. 146.  *Ce ne suis-je pas qui en suis cause.*

Id. 3. 4. 15.  *ce suis-je et n'y a autre que moy.*

Id. Déd.  *Ce ne sommes nous pas qui semons les erreurs.*

Marot II. 51.  *Je qui avois — Suis.*

Id. II. 106.  *Je, de ma part.*

Id. II. 247.  *Lors je, voyant telle pompe mondaine,*
*Presupposay en pensée soudaine.*

Id. III. 122.  *Je tout malade, et privé de soulas.*

Id. III. 127.  *Cy est le duc Annibal de Carthage,*
*Et je, le grand empereur Alexandre,*
*Qui feis — —*

Id. IV. 117.  *Je qui souloye estre habile,*
*Suis debile.*

Rab. I 33.  *Je, dist Picrochole, le prendray à mercy.*

Id. III. Prologue. *Je, pareillement, quoy que sois hors d'effroy,*
*ne suis toutesfois hors d'esmoy.*

Id. I. 5. *Je boy comme un templier: et je tanquam sponsus:*
*et moy sicut terra sine aqua.*

Im 17ten Jahrhundert findet sich noch
Scarron. Virgile travesti 1. *Je qui chantai jadis Typhon,*
*D'un style qu'un trouva bouffon.*

2te Person:

Rabelais IV. 8. (Das einzigste Mal bei ihm).
*Tu, dist frere Jean te damne comme un vieil diable.*
Marot III. 111. *O tu qui n'as lettres à ce duysantes.*

3te Person:

Rab. III. Prol. *Il, en ceste façon, son tonneau tempestoit.*
Rab. III. 25. *Il, de son costé, pauvre plus que ne fust Irus.*
Id. IV. Prol. de l'autheur. *Ce fut il.*

Doch hat Rabelais auch c'est moy: I, 27 und c'est luy:
II. 10.

Im 17ten Jahrhundert wurde *il* in solcher Weise angewandt.
cf. *quiconque* und *qui.*

Diese Ersetzung des Nominativs *je, tu, il* durch den Accusativ *moi, toi, soi* lässt sich auch anderwärts in den romanischen
Sprachen bemerken. Als der Nominativ *je, tu, il* nicht mehr
genügte, weil er nicht genug betont war, wurde er durch den Accusativ *moi, toi, soi* ersetzt, sobald eine stärkere Betonung und
ein selbständigeres Auftreten der Pronomina dieses erforderte.
Umgekehrt hat sich der ursprüngliche Nominativ der 3ten Person
des Femininums, *elle,* erhalten vor dem Accusativ *lei* und *lui*
der alten Sprache. (cf. Radisch die Pronomina bei Rabelais,
S. 11 f.)

2. Heute verlangt nur der affirmative Imperativ dies Personalpronomen als Object nach sich. In diesem Falle werden
die klanglosen Formen *me* und *te* durch die tönenden *moi* und
*toi* ersetzt. Im Altfranzösischen nahmen auch andere Verbal-
formen die tönende Form *moi, toi* u. s. w. nach sich. Obgleich
dieser Gebrauch nach dem 14ten Jahrhundert zu schwinden

begann, finden sich doch noch Beispiele, freilich selten, im
16ten Jahrhundert.
Marot II. 35. *Tu as le cueur plus dur que moy.*
  *Plus dur (helas), plaise toy l'amollir.*
Hept. III. 108: *plaise toy vers moy tes oeilz tourner.*
Gessner (I, 6) citirt noch aus Montaigne:
  *Souvienne vous de celui.*

3. Wenn dem affirmativen Imperativ ein Infinitiv folgte,
so setzte man im 16ten Jahrhundert noch das absolute Personalpronomen, z. B. *venez moi dire le faict* neben *venez me dire
le faict.* (Stephanus, hypomn. de gall. ling. p. 171.) Man sah
das Pronomen als zum Imperativ gehörig an, und da man
schon suchte das verbundene Personalpronomen vor, das absolute nach dem Verbum zu setzen, wie heute erfordert wird,
so sagte man auch '*venez moi dire le faict*'.
Marot I. 135. *veuille toy retirer .*
Id. IV. 107. *Las! Veuille moy retirer.*
  *De ces miennes grans oppresses.*

- 4. Das absolute Personalpronomen findet sich in der alten
Sprache allgemein vor dem Infinitiv und dem Participium resp.
Gerundium. Es verschwand im 16ten Jahrhundert vor dem
verbundenen Personalpronomen, obgleich Palsgrave (p. 339)
die Regel gab, *se* vor das Verbum finitum, *soy* vor den Infinitiv
und das Gerundium zu stellen. Montaigne stimmt schon mit
dem modernen Gebrauch überein. Nach Maetzner, Synt. I.
258 findet sich bei ihm ein Beispiel *sans soy haster.*

Das absolute Personalpronomen
a) vor dem Infinitiv.
Marot III. 78. *Soy resjouyr n'est peché ny folie.*
Id. III. 136. *soy ternir et abatre.*
Heptam. II. 337. *soy marier.*
Hept. II. 348. *laquelle après soy estre confessée.*
Ib. II. 404. *de soy venger.*
Rab. I. 2. *Villaine charbonniere, t'appartient-il toy trouver
  par chemin?*
Id. II. 16. *Il luy aida à soy habiller et revestir.*
Id. I. 4. *C'estoit passetemps celeste les voir ainsi soy rigoller.*

Lafont. Contes. Mazet de Lamporechio. *Qu'à soi montrer ès*
*parloirs aguimpées.*

Soy findet sich selbst durch betonte Worte von seinem
Verbum getrennt.

Rab. IV. 46. *Qui eust oublié soy en son sermon recommander.*

b) vor dem Participium.

Marot II. 217. *Phaeton, soy voulant entremettre*
*A gonverner le char du clair Phebus.*

Id. II. 151. *D'un soy deffiant de sa Dame.*

Rab. III. 23. *Je les oy desja soy pelaudans.*

Id. I. 24. *C'est à dire soy mouvens eux mesmes.*

5. In der modernen Sprache fügt man zuweilen das absolute Personalpronomen zu dem verbundenen derselben Person
hinzu des Nachdrucks halber. Eine solche Verdoppelung des
Subjects findet sich seit dem 14ten, und eine solche der obli-
quen Casus seit dem 16ten Jahrhundert.

Marot IV. 8. *Je cuide, moy,*
*Que —*

Gessner (I. 10) citirt aus Montaigne, *mais à moy il me le fal-*
*loit donner en mauvais latin.*

6. Wenn das absolute Personalpronomen Subject ist, muss
man es heute unmittelbar vor dem Verbum durch das verbundene Personalpronomen wiederholen, wenn es vom Verbum
durch eine eingeschobene Ergänzung, hauptsächlich durch einen
Relativsatz getrennt ist. Im 16ten und noch im 17ten Jahrhundert konnte man diese Wiederholung unterlassen, und noch
bei Montaigne ist die Auslassung des verbundenen Personalpronomens sehr gebräuchlich. (cf. Chassang N. Gr. § 220.
Rem. II. Hist.).

Marot II. 194. *Et moy, povre interdict,*
*Serois personne heureuse.*

Hept. II. 223. *et moy qui la voys —*
*la veulx servir et honorer.*

Mont. III. 2. p. 629. *Nous autres principalement, qui vivons*
*une vie privee, qui n'est en montre qu'à*
*nous, devons avoir estably un patron dedans.*

Id. III. 6. p. 701. *Moy, qui y suis fort suject, sçay bien.*

La Bruyère. *Peut-être moi qui existe, n'existe ainsi que par la force d'une nature universelle.*

7. Die im Altfranzösischen sehr gebräuchliche Verwendung des *casus obliquus* mit der Präposition à als Dativ erhielt sich noch bis zum 16ten Jahrhundert, ohne dass man der Rede mehr Nachdruck geben wollte, und obgleich der Objectsbegriff unzweifelhaft war. Das Verbum *parler* wurde mit Vorliebe noch so im 17 und 18ten Jahrhundert construirt. (cf. Godefroy. Lex. comp. u. d. W. lui, II. 23.)

Marot II. 37. *L'ayse plus grand' qu'à moy onques advint.*

Andere Beispiele cf. Graefenberg, Beiträge etc. p. 35.

### Das Reflexivum soi.

1. *Soy* konnte im 16ten Jahrhundert auch, obwohl selten, Nominativ sein, besonders wenn es mit *même* verbunden war.

Regnier Sat. XIV. 79. *Quand on se brusle au feu que soy mesme on attise.*

Bei Lafontaine findet sich noch einmal

*On a souvent besoin d'un plus petit que soy.*

2. Weiter findet sich *soi* als Plural, auch mit einem Sachnamen. (cf. Chassang, N. Gr. § 242. Rem. Hist.).

Rab. III. 1. *De sorte qu'ilz conçoivent en soy ceste opinion.*

Id. Epistre I. *Ces petites noyses tirent après soy grandes batailles.*

Lafont. Contes. Les Cordeliers de Catalogne.

*Telles gens par leurs bons avis,*
*Mettent à bien les jeunes ames,*
*Tirent à soy filles et femmes.*

Andere Beispiele cf. Maetzner, Synt. I. 257.

3. Heute ersetzt man das Reflexivum *soi* durch *lui, elle, eux, elles,* wenn das Subject ein bestimmtes ist. Im 16ten Jahrhundert ist der reflexivische Gebrauch von *lui, elle* u. s. w. äusserst selten, und die Schriftsteller dieses Jahrhunderts wenden fast unter allen Umständen *soi* an. Auch das 17te Jahrhundert weist davon zahlreiche Beispiele auf, aber *soi* beginnt schon *lui, elle* u. s. w. den Platz zu räumen, und der Uebergang geschieht seit der Mitte dieses Jahrhunderts. (cf. Gessner I, 12.

Chassang, N. Gr. § 242. Hist. Nfrz. Zs. IV. 141. Diez Gr. III,
63. Maetzner Synt. I. 257.)

Von den sehr zahlreichen Beispielen hier nur einige.

**Rab.** I. 34. *Il menast avec soy quelqu'un.*

**Id.** III. 17. *Soudain elle barra sur soy la porte.*

**Amyot.** Romulus. *Le sacristain jetta les dez pour Hercule*
*premierement, et puis apres pour soi-mesme.*

**Hept.** II. 211. *car amour de soy est bon.*

**Marot** IV. 157. *Le Seigneur s'est reservé seulement*
*Les cieulx pour soy.*

**Id.** IV. 180. *et corps sans cueur, de soy*
*Ne peult aymer.*

**Calv.** 3. 2. 24. *Jesus Christ a bien la vie en soy.*

**Id.** 2. 1. 5. *Adam n'avait fait mal qu'a soy en pechant.*

**Ronsard** Elegie V. *La mort vaut beaucoup mieux*
*Puisqu'elle prend à soy les delices des Dieux.*

**Jodelle.** Cantique Chrestien. *Soit que ta sagesse, ou soit que ta*
*puissance,*
*Veuille autrement de soy nous*
*donner cognoissance.*

**Mont.** I. 18. *Epaminondas interrogé lequel des trois il estimoit*
*le plus, ou Chabrias, ou Iphicrates ou soy-mesme.*

**Regn.** Sat. VI. 123. *Que la terre de soy le froment rapportoit.*

**Id.** Sat. IX. 87. *(Leurs vers) sont comme l'on voit la parfaicte*
*beauté,*
*Qui, contente de soy, laisse la nouveauté.*

**Corneille.** Rodog. I. 1. *Le prince Antiochus, devenu nouveau roi,*
*Sembla de tous côtés traîner l'heur avec soi.*

**Pascal.** Prov. IV. *— comme saint Augustin le dit de soi —*
*même dans ses Confessions.*

**Mol.** Le Tart. I. 1. *Je vous dis que mon fils n'a rien fait de*
*plus sage.*
*Qu'en recueillant chez soi ce dévot personnage.*

**Id.** Fem. sav. IV. 3. *Le savoir garde en soi son mérite éminent.*

Weitere Beispiele aus Molière cf. Génin, Lex. comp. p. 377.

**Racine,** Phèdre II. 5. *Je l'aime —*
*Charmant, jeune, trainant tous les cœurs*
*après soi.*

Id. Androm. V. 2. *Mais il se craint dit-il, soi-même plus que tous.*

Boileau. Epitre VII. 80. *De Phèdre malgré soi perfide, incestueuse.*

Lafont. Fabl. XI. 3¹¹. *La rustre, en paix chez soi.*

Id. ib. IX. 3¹⁵. *Mon voisin léopard l'a sur soi seulement.*

Id. Contes. La Mandragore. *la galande sentit Aupres de soi la peau d'un honnête homme.*

cf. die Beispiele bei Gessner I. 12.

Der moderne Gebrauch findet sich:

Calvin I. 15. 6. *car d'où vient que les hommes ont si grand soin de leur reputation, sinon de quelque honte qu'ils ont engravée en eux.*

Mont. L 25. *Voyez Cimon, voyez Themistocles et mille autres, combien ils se sont disconvenus à eux-mesmes.*

Id. I. 29. *les choses qui d'elles mesmes sont belles et bonnes.*

4. Da der Unterschied zwischen *soi* und *lui* so wenig im 16ten Jahrhundert feststand, erscheint es nicht sonderbar, dass *soi* — *se* vor einem Infinitiv durch *lui* ersetzt wurde.

Rabelais. I. 21. *puis beuvoit un horrifique trait de vin blanc, pour lui soulaiger les roignons.* ➤

---

1. Es ist ein characteristisches Zeichen der alten Sprache, dass sie das verbundene Personalpronomen sowohl als Subject als auch als Object entbehren konnte.

### A. Das verbundene Personalpronomen als Subject

Die Grammatiker der letzten Jahre des 16ten Jahrhunderts billigten die Auslassung des Personalpronomens nicht mehr. (cf. Benoist p. 26). Nordström, Regnier p. 24, bemerkt: *Cependant on ne saurait ne pas remarquer combien, pendant le cours du seizième siècle, cet usage* (die Unterdrückung des Personalpronomens als Subject) *s'est restreint. La raison en est évidente. Les terminaisons verbales devenant de plus en plus insuffisantes pour distinguer les différentes personnes du verbe,*

*il fallait les marquer d'une autre manière, et on eut alors na-*
*turellement recours aux pronoms personnels.* Nach dem Ende
des 16ten Jahrhunderts wurde diese Unterdrückung seltener,
und die Schriftsteller des 17ten Jahrhunderts sind schon im
Einklang mit dem modernen Gebrauch, nur dass das Neutrum
*il* noch fortgelassen wurde. (Cf. Chassang, N. Gr. § 220.
Hist. Nfrz. Zs. IV. 134. 135. Maetzner, Synt. I. p. 20. Diez,
Gr. III. 290. Gessner, I. 13. 14.)

1te Person:

Marot II. 37. *Un crystallin miroyr que vous transmets.*

Id. IV. 55. *Du repas qu'avons pris.*

Calvin. 2. 8. 17. *à ce que ne presumions.*

Id. Inst. Préf. *Et ne sommes pour aultre raison despouillez.*

Heptam. III. 52. *Quant elle entendit ce propos que luy tenois.*

Mont. I. 25. *Le monde n'est que babil, et ne vis jamais homme.*

Id. I. 9. *et irais facilement.*

Regnier Sat. X. 50. *Et vous jure, au surplus, qu'il est homme*
*de bien.*

Pascal. Prov. VIII. *Je n'ai point d'argent à prêter, si ai bien*
*à mettre à profit honnête et licite.*

Mol. L'Etourd. II. 1. *Adieu, vous dis, mes soins pour l'object.*

Id. L'Avare V, 3. *Non ferai, de par tous les diables.*

Lafont. Fabl. VIII. 3[31]. *leur ai dit la langueur.*

Id. Contes. L'Oraison de saint Julien. *Mot n'en dirai.*

Id. ib. L'Anneau d'Hans Carvel. *Trop ne puis vous remercier.*

2te Person:

Marot II. 98. *Et te peult suyvre en tous lieux où iras.*

Id. II. 186. *Si me donnez. Si ne voulez.*

Id. III. 16. *Ce que voulez. Ce que pensez.*

Calvin Ded. *Et ne devez estre detourné.*

Heptam. II. 29. *Ce que croiras.*

Jodelle. Didon. II. 1. *Bien qu'à la desrobée aux vents sacrifiasses.*

Regnier Sat. XI. 87. *Si je n'eusse veu qu'estiez un financier.*

Voiture I. 575. 7. *J'ai bien jugé que vouliez quereller.*

Id. I. 601. 24. *Et devez estre content.*

Lafont. Contes. La Jument du compere Pierre. *la manière*
*Par où jument — Auras.*

Id. ib. Le Faiseur d'oreilles etc. *Pour achever l'oreille que savez.*

Id. ib. L'Anneau d'Hans Carvel. *Ce que tu crains point ne seras,*
*Point ne seras sans que le saches.*

### 3te Person.

Marot II. 48. *Ainsi diront leurs victoires apertes.*

Id. II. 6. *Et si pour toy ne mect lettres en voye,*
*Crainte ne veult que vers toy les envoye.*

Id. IV. 114. *Verront leur arc aussi rompre et abattre.*

Jodelle. l'Eugene II. 1. *Florimond. Laquois, vois tu pas bien*
*les mines?*
*Pierre. Ouy Monsieur, sont des plus*
*fines.*

Ronsard. Od. I. 7. *Le domtant de plus près,*
*Osa tenter l'air aprés.*

Regn. Sat. VIII. 140. *Lors, se tournant vers moy,*
*M'accolle à tour de bras.*

Lafont. Fabl. XII. 6¹⁰. *Quand il plut à Dieu s'en allerent.*

Id. Contes. Féronde, ou le Purgatoire. *Dont ne manquoient en-*
*cor de s'enivrer.*

Id. ib. Le Savetier. *Je songerai, répond-elle, à la chose:*
*Puis vient trouver Blaise tout aussitôt,*
*L'advertissant de ce qu'on lui propose.*

Id. ib. *le galand, en effet,*
*Crut que par-là baiseroit la commere.*

2. *Il* im Neutrum bei unpersönlichen Verben wurde noch im 17ten Jahrhundert häufig fortgelassen. Das geschieht auch noch heute in einzelnen Formeln, wo das Subject von keiner Bedeutung ist. (cf. Lücking, Frz. Gr. § 273. Anm. 2.)

Marot II. 189. *Jà ne fault que de cela mente.*

Id. III. 249. *Mais dont advint que —?*

Id. II. 7. *D'autre — tant peu me souvenoit.*

Id. II. 9. *Lors conviendra danser d'un autre branle:*
*Laisser faudra Bois, Sources et Ruysseaux.*

Calvin. Ps XVIII. 42. *Ils crieront et n'y aura point de Sau-*
*veur pour eux!*

Heptam. III. 90. *Or advint que —*

Mont. I. 5. *Et n'est heure.*

Id. I. 9. *Les biens furent confisquez, et ne tint a guere qu'il
n'en perdist la vie.*

Id. I. 12. *et en y a maint un qui.*

Id. III. 5. p. 658. *et ne me chaut.*

Regn. Sat. XIII. 208. *Prenez à toutes mains, ma fille, et vous
souvienne Que.*

Pasc. Pens. I. 93. *De cette confusion arrive.*

Id. Prov. XVI. *Mais à quoi sert, mes pères, d'opposer.*

Molière. G. D. 1. 4. *Et quels avantages, madame, puisque madame y a?*

Lafont. Fabl. VII. 3⁷. *fallut deviner et prédire.*

Id. Contes. Les Troqueurs. *Avint pourtant que —*

Id. ib. Le Cas de Conscience. *Anne, puisqu' ainsi va, passoit
dans son village
Pour la perle et le parangon.*

3. Das neutrale *il* wurde auch fortgelassen, wenn es dazu
diente im Voraus das logische Subject des Satzes anzudeuten.
Die Unterdrückung des *il* fand auch statt, wenn es sich um
ein Subject im Plural handelte. (cf. Gessner, I. 14. Diez,
III. 287.)

Mont. I. 5. *Et n'est heure.*

Id. I. 8. *et n'est folie ny resverie.*

Gessner citirt noch aus Montaigne:

*Ces folles propheties avoient trouvé tant de place qu'à Rome
fut baillé grandes sommes d'argent au change.*

Regn. Sat. X. 139. *sa race autrefois ancienne
Dedans Rome accoucha d'une patricienne,
D'où nasquit dix Catons et quatre vingts
preteurs.*

Lafont. Fabl. VIII. 3⁷. *De tous côtés lui vient des donneurs
de recettes.*

4. In den folgenden Fällen ist das Pronomen vor dem
zweiten Verbum nicht wiederholt trotz des Wechsels der Zeit
und des Uebergangs von der Bejahung in die Verneinung.
(cf. Nfrz. Zs. IV. 135.)

Pasc. Pens. I. 212. *Ils ont vendu le juste et pour cela ne seront
jamais rapelés.*

Racine III. 629. Ath. 420.    *J'ignore tout le reste*
*Et venois vous conter ce désordre*
*funeste.*

Lafont. Fabl. VIII. 17ª.   *Il se faut entr'aider; c'est la loi de*
*nature.*
*L'âne un jour pourtant s'en moqua:*
*Et ne sais comme il y manqua,*
*Car il est bonne créature.*

## B. Das verbundene Personalpronomen als Object.

Die Unterdrückung des Accusativs der 3ten Person, *le, la, les* fand sich noch oft im 16ten und in den ersten Jahren des 17ten Jahrhunderts. Vaugelas (p. 33) tadelt diesen Gebrauch: ‚*Un tel veut acheter mon cheval, il faut que je luy face voir‘*, au lieu de dire, ‚*il faut que je le luy face voir‘*. *Ainsi au pluriel.* Amyot fait toujours cette faute, mais ce n'est qu'avec ‚*luy‘* et ‚*leur‘, pour éviter sans doute la cacophonie de ‚le luy‘* et ‚*le leur‘* — — — *qui n'est pas une raison suffisante pour laisser un mot si nécessaire.* (cf. Gessner I. 18. Chassang, N. Gr. § 220 Hist.).

Calvin 4. 2. 2.   *ils retiennent la verité de Jesus Christ en son*
*entier, selon qu'ils ont receue des Peres.*

Amyot. Romulus.   *En tirant lui-mesme le premier de son bras*
*le bracelet qu'il y portoit, lui jetta.*

Id. Alcibiades.   *s'alla monstrer aux ennemis pour attirer à la*
*bataille.*

Jodelle.  L'Eugene V. 5.   *Merciez monsieur de ce don.*
*Et luy voüez pour desormais*
*En fidelle amour à jamais.*

Regnier. Sat. I. 112.   *Il semble qu'on luy (la jeunesse) doit per-*
*mettre davantage*
*Aussi que les vertus fleurissent en cest âge,*
*Qu'on doit laisser meurir sans beaucoup*
*de rigueur.*

Voiture I. 389. 14.   *Et je le garde pour luy montrer quelque*
*jour.*

Das neutrale *le* ist ausgelassen:

Voiture I. 90. 4. *et de vous persuader de m'aymer autant que vous faites.*

Gessner (I. 18) citirt noch aus Heptameron: *Luy qui ne pensoit poinct qu'il y eust joye digne d'estre a:comparée à celle qu'elle luy promettoit, luy accorda.*

2. Auch als Accusativ bei einem reflexiven Verbum wurde das verbundene persönliche Fürwort ausgelassen. (cf. Malherbe, Lexique. p. XXVIII. Lidforss, Ronsard p. 39).

Amyot. Alcibiades. *Les soudards estoyent fort desplaisans. de le voir en aller.*

Calvin. Ps. XXIII. 4. *La felicite engendre un orgueil en eux qui les fait eslever fierement.*

H. Estienne. Traicté de la Conform. preface. *Sans que nous en soyons apperceus.*

Id. ib. *Il est certain que quand nous en servirons, ce ne seroit, point par necessité.*

Ronsard. Odes III. 20. *Et jà de peu à peu sent Haute eslever sa ceinture.*

Jodelle. L'Eugene I. 2. *Les flots enflez de la mer, Qu'on voit lever.*

Id. ib. III. 1. *Laissez moy de tout souvenir.*

Regn. Sat. VII. 113. *Je sens d'un sage feu mon esprit enflammer.*

Nach Godefroy, Lex. comp. II. 185 ff., wird das Personalpronomen allgemein unterdrückt nach den Verben *faire, laisser, mener, regarder, sentir, voir, entendre, écouter,* wenn diesen ein anderes den Sinn vervollständigendes Verbum folgt. Dann folgt das Object den Verben, welche *faire, laisser* etc. begleiten, oder wenn es ihnen vorangeht, ist es ein Personalpronomen, ein Relativpronomen oder ein indefinites Adjectivum, wie *tout.* Er giebt zahlreiche Beispiele in seiner eingehenden Studie über die Ellipse des Personalpronomens.

Mol. Les Fâcheux. III. 2. *Les mauvais traitements qu'il me*
*faut endurer.*
*Pour jamais de la cour me feroient*
*retirer.*
Id. Mal. imagin. I. 5. *Je ne feindrai point de vous dire que*
*le hasard nous a fait connoître il y a*
*six jours.*

Molière *a voulu fuir,* sagt Godefroy (II. 201), *le mauvais*
*effet de la répétition ‚nous a fait nous connoître, me feroient me*
*retirer'. Il pouvait dire, ‚nous a fait connoître l'un l'autre'*
*mais il a pensé que la rapidité de l'expression ne faisoit ici rien*
*perdre à la clarté, et pour un dialogue était assez correcte.*

3. Auch die Ellipse des Pronomens als Objects mehrerer
Vorben ist gestattet. (cf. Darm.-Hatzf. § 186).

Mont. III. 3. *Se desgourdir et exercer, — se rasseoir et sejour-*
*ner, — se range, modère et fortifie.*
Sat. Mén. 17. *Alors s'avançoit et faisoit veoir.*
Rab. II. 16. *Il luy aida à soy habiller et revestir.*

4. Ploetz, N. Gr. p. 90; sagt: *Si le mot que l'on veut mettre*
*en relief est le régime direct de la phrase, on a encore une autre*
*manière de le faire ressortir. On le met absolument (sans aucun*
*rapport grammatical) au commencement de la phrase, et l'on a*
*soin de le remplacer avant le verbe par un des pronoms person-*
*nels ‚le, la, les', selon le nombre et le genre du mot que l'on a*
*placé au commencement.*

Gessner (I. 17) citirt einige Beispiele aus Marot, wo *le*
oder *la* ausgelassen ist, eine Construction die der Poesie habe
besonders erwünscht sein müssen.

Marot II. 176. *La blanche colombelle belle*
*Souvent je. voys priant.*
Id. *Ce mot elle ha doucement proféré.*
Id. *Ce conseil je vous donne.*

5. Die Regel, welche vorschreibt, auf ein Adjectiv durch
neutrales unveränderliches *le* zurückzuweisen, ist durch Vaugelas aufgestellt, aber sie wurde im 17ten Jahrhundert nicht
immer beobachtet. (cf. Chassang. N. Gr. § 244. Hist.).

Corn. Pomp. V. 2. *Vous êtes satisfaite et je ne la suis pas.*

Id. D. Sanche. I. 3. *Vous en êtes instruite et je ne la suis pas.*

Sévigné. 13 sept. 1677. *Je ne veux pas qu'elle soit malade,*
*encore moins qu'elle se la fasse.*

Racine. Plaid. I. 7. *La Comtesse.*

> *Monsieur, je ne veux point être liée.*
> *Chicaneau.*
> *A l'autre!*
> *La Comtesse.*
> *Je ne la serai point.*

6. Im 16ten Jahrhundert wurde die dritte Person pluralis des Personalpronomens zuweilen wie im Lateinischen gebraucht, um eine unbestimmte Person auszudrücken, *ils* stand dann = *on.*

Du Fail. II. 311. *ils demeurèrent plus tard qu'ils n'avoient coustume. (= on demeura etc.)*

Mont. I. 44 Ende. — *et disent que ce fut pour estre si extremement aggravé de travail.*

*Ils disent* steht ferner bei Montaigne I. 48. III. 4. p. 650 etc.

Id. III. 9. p. 749. *Ils ont laissé par escrit de l'orateur Curio que . . . .*

7. Montaigne verwendet auch *vous* im Sinne von *on.*

III. 3 p. 640. *Il faut se desmettre au train de ceux avec qui vous estes.*

Ebenso II. 5.

8. Während heute das neutrale *il* nur dazu dient, auf etwas Folgendes hinzudeuten, setzten es die Schriftsteller des 17ten Jahrhunderts häufig, um sich auf etwas Vorangegangenes zu beziehen, wo heute *ce* oder *cela* stehen müsste.

Corn. Pompée V. 4. *Cornélie.*

> *Vois l'urne de Pompée; il y manque sa tête:*
> *Ne me la retiens plus; c'est l'unique faveur*
> *Dont je te puis encor prier avec honneur.*
> *César.*
> *Il est juste, et César est tout prêt de vous rendre*
> *Ce reste où vous avez tant de droit de prétendre.*

Mol. L'Etourd. II. 7. *Mascarille.*

> *Vous vous moquez peut-être.*
> *Lélie.*
> *Il est trop véritable.*

Rac. Les Plaid. III. 3. *Dandin.*
> *A-t-on jamais plaidé d'une telle méthode?*
> *Mais qu'en dit l'assemblée?* ·
> *Léandre.*
> *Il est fort à la mode.*

Lafont. Fabl. X. 14[14]. *Mais jusqu'au haut du mont! d'une ha-*
> *leine! il n'est pas*
> *Au pouvoir d'un mortel.*

Id. ib. XI. 8[12]. *Tout cela ne convient qu'à nous.*
> *— Il ne convient pas à vous-mêmes.*

Sévigné. Lettres 19. 11. 1688. *De vous dire que tout cela se*
> *passe sans larmes, il n'est pas*
> *possible.*

9. Zu bemerken ist noch die pleonastische Verwendung des Pronomens der 3ten Person beim Subject, wenn es ein Nomen oder selbst ein anderes Pronomen wieder aufnimmt. Man bediente sich dieser Ausdrucksweise, wenn das Subject von seinem Prädicat durch einen Participial- oder Relativsatz getrennt war, oder wenn das Relativum selbst ein Relativpronomen war. (cf. Chassang, N. Gr. § 234 Hist. und was unten gesagt ist bei *en* und *y*).

Marot II. 7. *en France*
> *Ton prisonnier il est sans mesprison.*

Id. II. 86. *La part premiere elle est au Roy.*

Calvin 4. 16. 27. *qui croira et sera baptisé, il sera sauvé.*

Id. 4. 19. 35. *Qui aime sa femme, il aime soy-mesme.*

Id. Déd. *Il y avoit des contempteurs de Dieu, lesquels quand*
> *ils oyoyent que — incontinent ils objectoyent.*

Regn. Sat. XI. 277. *Qui fait une follie il la doit faire entiere.*

Id. Sat. XV. 137. *Qui se contraint au monde, il ne vit qu'en*
> *torture.*

Lafont. Fabl. VII. 14[14]. *Et lui-même — — —*
> *Il devint pauvre tout d'un coup.*

10. *Il* geht dem Relativum *qui* voraus, statt *celui* (cf. unten Quiconque No 4 und Godefroy, Lex. comp. II. 371.)

Regn. Sat. X. 416. *Je trouve qu'en ce monde il est sot qui*
> *se fie*
> *Et se laisse conduire.*

Corn. Mél. V. 5. *Pour la premiere fois il me dupe qui veut,*
*Mais pour une seconde, il m'attrape qui peut.*
Mol. Fcm. sav. III. 2. *Chacun fait ici bas la figure qu'il peut,*
*Ma tante; et bel esprit, il ne l'est pas*
*qui veut.*
Id. L'Av. I. 5. *Il est heureux qui peut avoir dix mille écus*
*chez soi.*

11. Ebenfalls wurde das Personalpronomen der dritten
Person pleonastisch als Object verwandt

a) um auf einen folgenden Nebensatz hinzuweisen. Diese
Construction ist zwar noch heute erlaubt (cf. Lücking, Gr
§ 209. I. 2 d und § 512 Anm.), doch ist sie nicht mehr so ver-
breitet, wie im 16ten und 17ten Jahrhundert. (cf. Nfrz. Zs.
IV. 137 und Maetzner, Synt. II. 18).

Calvin 2. 15. 5. *S. Paul l'expose, qu'il a esté levé à la dextre*
*du Tere.*

b) um auf ein folgendes Object hinzuweisen

Marot I. 207. *Je l'ay receu, ton gracieux envoy.*

c) um ein Relativum wiederaufzunehmen, besonders in etwas
langen Sätzen. (cf Maetzner Synt. II. 233. Diez Gr. III. 65).

Gessner (I. 16) citirt aus Heptameron: *Vous me faictes souvenir*
*d'une tromperie que, si*
*elle estoyt honneste, je*
*l'eusse voluntiers comptée.*

Brantôme III. 3. *Bayard à qui ce jour M. de Bonnivet — —*
*luy donna toute la charge.*

La Boétie. ed. Feugère. p. 204. *Mes valets dont il y a toujours*
*quelqu'un d'entre eux qui accuse.*

Häufig ging hierbei der Relativsatz in einen Demonstrativ-
satz über. Godefroy, Lex. comp. II. 10. 11 bringt zahlreiche
Beispiele für diesen Uebergang. (cf. Nfrz. Zs. IV. 138).

12: Es ist heute nicht erlaubt ein Pronomen der dritten
Person auf ein vorausgehendes Substantiv ohne Artikel zu be-
ziehen (cf. Plattner § 303. 1). Diese Regel wurde im 17ten
Jahrhundert oft verletzt. (cf. Chassang. N. G. § 243 Hist.).

Corn. Nicom. III. 3. *Il me fera justice encor qu'il soit bon père,*
*Ou Rome, à son refus, se la saura bien*
*faire.*

Id. Sert. III. 1. *Mais, seigneur, étant seuls, je parle avec*
*franchise;*
*Bannisant les témoins vous me l'avez promise.*
Pascal. Prov. VII. *Et ce n'a pas été sans raison; la voici.*
Id. Prov. VIII. *Ils rendent justice aux pauvres aussi bien qu'-*
*aux riches. Je dis bien davantage, ils la ren-*
*dent même aux pécheurs.*

## En.

Die Pronominaladverbien *en* und *y* wurden im 16ten und
17ten Jahrhundert in freierer Weise verwandt als heute.

1. *En* stand in der Bedeutung von *son* etc., z. B. *les ci-*
*toyens en sont vertueux.* Diese Ausdrucksweise ist heute ver-
altet, (Sachs, Dict.), war aber im 17ten Jahrhundert noch ver-
breiteter, indem man *en* auf Personen bezog statt *de* mit dem
persönlichen Fürwort. (cf. Chassang. N. Gr. § 238. Hist. und
Godefroy Lex. I. 24).
Rabelais II. prol. *Et en avons veu qui se donnoient à cent pipes*
*de vieux diables.*
Marot I. 30. *Si tost, que je la (la dame) veux toucher*
*Ou seulement m'en approcher. —*
Heptam. II. 203. *il eut d'elle ce qu'il en demandoit.*
Corn. Pol. V. 5. *J'en ai fait un martyr, sa mort me fait*
*chrétien,*
*J'ai fait tout son bonheur, il veut faire le*
*mien.*
Mol. L'Et. I. 2. *Mais Léandre, à l'instant, vient de me déclarer*
*Qu'à me ravir Célie il se va préparer.*
*C'est pourquoi dépêchons, et cherche dans sa tête*
*Les moyens les plus prompts d'en faire ma*
*conquête.*

2. *En* wurde zuweilen pleonastisch gebraucht.
Rab. III. prol. *Peu s'en faillit qu'il ne le defonçast.*
Id. Epistre III. *M. de Mascon vous en a escrit ce que en est.*
Marot IV. 194. *Que de tous ces miens labeurs le proffit leur*
*en retourne.*
Id. III. 137. *Dont tu en as plus ouy referer.*

Ferner I. 143. I. 152. II. 249.

Heptam. II. 231. *dont le mary en fut fort estonné.*

Ib. ib. *les effectz d'amour, dont l'une en receut mort glorieuse.*

Ib. II. 280. *car de ceste malladye là je vous en assure.*

Mont. II. 13. *que d'un grand nombre d'escus nous en prenions plustost l'un que l'autre.*

Id. I. 9. *d'un defaut naturel on en fait un defaut de conscience.*

Pascal. Prov. VII. *dont il n'y en a point de plus sensible.*

Id. ib. *qui, —, n'en tirât de vos principes quelque méchante conclusion.*

Id. Prov. XIV. *Il faut que de ces sept il n'y en ait aucun qui.*

Mol. Dép. am. I. 3. *Il est très-naturel, et j'en suis bien de même.*

*En* in der Redensart *en être de même* ist heute nicht mehr gebräuchlich, man sagt *être de même.*

# Y.

*Y* wurde früher oft verwandt, um das auf Personen bezogene Personalpronomen zu ersetzen. Vaugelas (p. 94) tadelt diesen Gebrauch: *y, pour luy. Exemple ,j'ay remis les hardes de mon frere à un tel, afin qu'il les y donne', pour dire, ,afin qu'il les luy donne'. C'est une faute toute commune parmy nos Courtisans.* Der herrschende Sprachgebrauch hat diese Anwendung von *y* beschränkt. cf. Chassang, N. Gr. § 238. Hist.

Rab. III. 16. *Il en eust advertissement, pour y obvier.*

Corn. Sur. IV. 2. *Qu'il se donne à Mandane, il n'aura plus*
*de crime.*
    *Euridice.*
*Qu'il s'y donne, madame, et ne m'en dise rien.*

Id. Horace II. 6.     *Pour ébranler mon cœur*
*Est-ce peu de Camille? y joignez-vous*
*ma sœur.*

Mol. Dép. am. III. 8. *Quoi! Lucile n'est pas sous des liens*
*secrets*
*A mon maître?*
    *Albert.*
*Non, traître, et n'y sera jamais.*

Id. Fem. sav. III. 5. *Oui, oui, je te renvoie à l'auteur des
Satires.*

*Trissotin.*

*Je t'y renvoie aussi.*

Pasc. Prov. IV. *ils ont trompé le diable à force de s'y abandonner.*

2. **Y steht pleonastisch:**

Rab. III. 2. *Y mist le feu dedans.*

Marot II. 10. *A ce coup cy je n'y ay plus d'attente.*

Id. II. 130. *Doncques, ma dame, courez y
Au feu.*

Mol. Pourc. II. 4. *C'est une chose où il y va de l'intérêt du
prochain.*

3. Die Unterdrückung von *y* in der Redensart *il y a* hat
sich bis zum 17ten Jahrhundert erhalten.

Marot II. 176. *Je croy qu'en vous n'a point tant de rudesse.*

Hept. II. 131. *le propos dont lonc temps a j'avois deliberé vous
parler.*

Grand Parangon 95. *Une fois à Poictiers avoit ung riche
marchant.*

Voiture lässt es 4 mal fort, z. B.

I. 416. 4. *Voilà, Monsieur, ce que je devois vous avoir escrit
il a longtemps.*

Pascal lässt es zweimal fort. cf. Nfrz. Zs. IV. 143.

4. Auch *en* und *y* dienen zuweilen dazu wie *le* einen
Satz anzudeuten. Gessner (I. 16) citirt hierfür folgendes Beispiel aus Montaigne:

*Je ne les en croy pas, que ce en soit la seule cause.*

---

Spricht man zu leblosen Gegenständen, so bedient man
sich allgemein des Singulars *tu*. (cf. Maetzner Synt. I. 17).
Doch findet man auch Beispiele, dass der Singular durch den
Plural *vous* vertreten wird.

Marot IV. 147. *retirez vous, Tristesse,
Car en Dieu seul m'esjouiray sans cesse.*

Id. III. 43. *Bouche de coral precieux,*
*Qui à baiser semblez semondre;*
*Bouche qui d'un cueur gracieux*
*Sçavez tant bien dire et respondre,*
*Respondez-moy.*
Id. IV. 174. *Cueur qu'avez vous? je crois que vous resvez* etc.

### Pronomen Possesslvum.

In der Schreibung weicht das Possessivpronomen nur bei
*noz, voz, nostre, vostre* von der heutigen Schreibweise ab.
Während des ganzen 17ten Jahrhunderts wurde das Adjectiv
*notre* und das Pronomen *le nôtre* geschrieben — *nostre.* (cf.
Chassang, N. Gr. §. 70. Diez II. 107—109. Maetzner, Gramm.
(2. Aufl. Berlin) I. 145).
Marot II. 8. *Et nous dirons noz malheureuses pertes.*
Id. III. 220. *voz mains.*
Heptam. III. 82. *racompter noz nouvelles.*
Ib. III. 55. *voz petites serymonies.*
1. Der durch Vaugelas gerügte Fehler (p. 351), *ma, ta,*
*sa* vor einem vocalisch anlautenden Substantiv zu setzen, wird
im Allgemeinen schon im 15ten Jahrhundert vermieden sein.
Doch findet man in diesem Jahrhundert noch *ma, ta sa,* im
Gegensatz zum heutigen Gebrauch verwandt. Rabelais hat
fast überall den modernen Gebrauch. Von da an findet sich
*ma, ta, sa* vor vocalisch anlautenden Substantiv nnr noch in
Zärtlichkeitsausdrücken, wie *m'amye, m'amour, s'amye, t'amour*
etc. *T'amye.* Hept. III. 109. Doch liest man auch *mon amour*
(Marot I. 22) und *mon ame.*
*M'amye:* Marot II. 189. 190. III. 8. 13. 40. 43. 48 etc.
Rabelais I. 41. 20. 5. 9. II. 3. IV. 13. V. 34.
Heptam II. 288. 301. 388. 390. III. 178. 179. 186. 24.
*M'amour:* Marot I. 62. III. 33.
Ronsard. 52.
*S'amye:* Marot II. 62. 90. 152. 188. III. 13. 97.
Heptam. II. 129. 422. III. 4. 76. 103. 107. 111.
*T'amour:* Marot II. 6. 157. 177. IV. 50.

Lafont. Contes. Le cocu battu et content.
*Lui conta tout, en lui disant M'amie.*

2. Noch im 16ten Jahrhundert wurde das Possessivpronomen adjectivisch mit dem bestimmten Artikel gebraucht. Bei Montaigne ist dieser Gebrauch selten.

Marot II. 5. *Le mien esprit.*
Id. II. 11. *La tienne venue.*
Id. I. 142. *le vostre frere unique.*
Id. III. 190. *Du sien espoux.*
Rabelais. II. prol. und 28. *A la mienne volonté.*
Id. IV. 6. *Le mien monton Robin.*
Id. IV. 37. *La nostre victoire.*
Ronsard. Odes I. à Henri II. *Du père sien.*
Mont. II. 12. p. 397. *à la mienne volonté.*

3. Wenn das Possessivpronomen mit *être* das Prädikat bildet im Sinne von *être à moi, à toi* etc., so ist heute der Artikel vor dem Pronomen unerlässlich. Im Altfranzösischen wurde er oft fortgelassen, ganz allgemein noch im 16ten Jahrhundert und auch noch im ernsten Stil des 17. und selbst noch des 18ten Jahrhunderts. Obgleich Grammatiker des 16ten Jahrhunderts, wie Palsgrave und Garnier der Redensart *être à moi* etc., schon den Vorzug gaben, bedient sich die familiäre Sprache noch heute der alten Ausdrucksweise *être mien.* (cf. Lücking, Frz. Gr. §. 224. b. A. 1.).

Hept. II. 254. *d'estre sienne.*
Ib. III. 109. *Viens doncques, amy, prendre ce qui est tien.*
Ib. *Je suis à toy, sois doncques du tout myen.*
Marot II. 178. *Quand je vey son cueur estre mien.*
Id. II. 97. *Veult estre tienne.*
Id. III. 5. *Puis tien je suis.*
Id. II. 181. *Son cueur est mien,*
*Le mien est sien.*
Rab. I. 19. *Il sera vostre.*
(dagegen auch Id. V. 11. *Elle est à moy disoit l'une. C'est*
*la mienne,*
*disoit l'autre.* Und
Marot II. 13. *Je suis à vous.*)
Amyot. Vies. J. Cæs. *La victoire est tiene, Cæsar.*

Ronsard. Odes I. 38. *Chose qui soit toute tienne.*

Id. III. 3. *Elle est si leur que la nostre.*

Mont. I. 38. *t'addoner à l'estude des Lettres pour en tirer quelque chose qui soit toute tienne.*

Id. 1. 24. *et pensoit ce sçavoir estre sien.*

Id. I. 39. *que cet ouvrage soit leur.*

Corn. Horace I. 2. *Vous serez toute nôtre, et vostre esprit remis.*

Id. Polyeucte II. 1. *Ainsi ce rang est sien, cette faveur est sienne.*

Mol. Le Dép. am. I. 2. *D'une façon ou d'autre, il faut qu'elle soit vôtre.*

Lafont. Fabl. VII. 3¹². *Dieu prodigue ses biens A ceux qui font vœu d'être siens.*

Lafont. Contes. Nicaise. *Je serai vôtre auparavant.*

Id. ib. Le petit Chien qui etc. *Favori sera sien.*

4. Ferner wurde das Possessivpronomon prädicativ gebraucht ohne den bestimmten Artikel.

Marot 11. 195. *M'ont faict vostre.*

Id. I. 164. *Certainement, les vertuz qui s'espendent. Dessus voz cueurs si fort vostre me rendent.*

Id. I. 173. *que par la bonté vostre Monseigneur face un de ses chevaulx nostre.*

Heptam. L 83. *en me congnoissant vostre et femme de bien.*

Ib. I. 115. *Mais si vous ne m'acceptez pour du tout vostre.*

Mont. I. 24. *il les faut faire nostres.*

Id. I. 25. *il l'a encore bien pris et bien faict sien.*

Corn. Cinna III. 4. *Mais n'apprende pas qu'un autre ainsi m'obtienne; Vis pour ton cher tyran, tandis que je meurs tienne.*

5. Das Possessivpronomen steht bei einem Substantiv, und es geht ihm voraus:

a) der unbestimmte Artikel.

Vaugelas (p. 363) tadelt diesen Gebrauch: *Mien, tien, sien. Ces trois pronoms ne se mettent plus dans le beau stile de la façon qu'on avoit accoustumé d'en user, par exemple, on disoit antrefois, comme le disent et l'escrivent encore aujourd'huy ceux qui n'ont pas soin de la pureté du langage, 'un mien frère',*

*'une tienne sœur'*, *'un sien amy'*. *Mais on ne s'en sert plus
ainsi, et si l'on demande comme il faut donc dire, on respond
que s'il y a plusieurs freres, il faut dire, 'un de mes freres',
et s'il n'y en a qu'un, 'mon frere' de mesme 'une de tes sœurs',
ou 'ta sœur', 'un de tes amis', ou 'ton amy'*. Doch findet sich
diese Zusammenstellung noch häufig im 17ten Jahrhundert bei
den besten Schriftstellern, und auch heute noch bedient man
sich ihrer archaisch und familiär. (cf. Lücking Frz. Gr. §. 224.
b. A. 2.).

Rab. I. 15. *Un sien jeune page de Villegongis.*
Id. III. prol. *Bailla à un sien compagnon vieux.*
Heptam. III. 63. *à une sienne femme de chambre.*
1b. III. 23. *ung sien varlet de chambre.*
Mont. I. 24. *un mien amy.*
Voiture (das einzigste Beispiel von ihm) II. 100. 6. *à une sienne
soeur.*
Lafont. Fabl. IV. 7[16]. *Un mien cousin est juge-maire.*
Id. ib. VII. 14[15]. *Un sien amy.*
Id. Contes. La Fiancée du roi de Garbe. *Un sien neveu fort
jeune.*
Id. ib. Le Gascon puni. *Un sien amy, Damon.*
Racine II. 160. Plaid. 202. *Au travers d'un mien pré certain
ânon passa.*
Id. II. 181. Plaid. 453. *(Sa fille) A mis un mien papier en
morceaux.*

   b) Das Zahlwort *deux.*
Gessner (I. 22) citirt aus Montaigne: *Deux siens jeunes
enfans.*
Des Periers II. 182. 248. Paris 1856 ed. Lacour. *deux siens fils.*
Lafont. Contes. Les Rémois. *Deux siens voisins se laisserent
leurrer.*

   c) Das Demonstrativpronomen.
Marot IV. 188. *Ces miennes petites jeunesses.*
Id. IV. 194. *à icelles miennes œuvres.*
Calvin Déd. *Et principalement vouloye par ce mien labeur
servir à nos Français.*
Rab. I. 46. *Ceste nostre difference.*
Id. III. prol. *Venans à ce mien tonneau.*

Id. III. 7. *Corbieu, sus cestuy mien bureau.*
Id. IV. 28. *A ceste mienne interpretation.*
Mont. I. 19. *cette nostre allegresse.*
Corn. Clit. II. 7. *Et d'abord vous prenant pour ce mien camarade.*

d) Unbestimmte Pronomina.

Hept. II. 412. *ung autre sien compaignon.*
Marot I. 175. *Non pour distraire aucune vostre emprinse.*
Id. II. 43. *D'avoir trouvé un tel serviteur tien..*
Id. III. 143. *un chascun tien enfant.*
Id. III. 179. *chascun sien ruisseau.*
Id. IV. 195. *d'aultres œuvres miennes.*
Rab. V. 20. *Autres siens offiiciers.*
Id. Sciomachie. *Quelque sienne grande esperance.*
Des Per. II. 82. *pour quelque sien affaire.*
Id. II. 196. *entre autres siennes complexions.*
Mont. I. 3. *quelque sienne devotion.*
Id. III. 1. p. 616. *sans aucun leur interest.*
Id. III. 5. p. 688. *que d'autre mienne faute.*
Corn. D. Sauche V. 8. *quelque sien voisin.*

e) *lequel.*

Calvin. Déd. *Laquelle mienne deliberation on pourra facilement appercevoir du livre. .*
Rab. II. 8. *Laquelle mienne conversation.*

. 6. Wie im Altfranzösischen wurde das *adjectivum posses-sivum* auch noch im 16ten Jahrhundert oft durch *de* mit dem absoluten Personalpronomen ersetzt (cf. Diez Gr. III. 70. Maetzner Synt. I. 459). Montaigne hat diese Stellvertretung nicht gebraucht. Sie findet sich noch heute, wiewohl selten. (cf. Lücking Frz. Gr. §. 222. Anm. 2.)

Marot II. 29. *Faindre n'est point le naturel de moy.*
Id. II. 152. *le corps d'elle.*
Id. III. 157. *Au cueur de moy.*
Id. II. 186. *Le cueur de vous.*
Id. III. 227. *l'œil d'elle.*
Calvin (hat sie sehr selten). 4. 1. 8 *il n'y a que les yeux de luy seul qui voyent, lesquels sont saincts. .*

Id. IV. 15. 5. *il ne vous exhorte pas seulement à une imitation de luy.*

Rab. II. 3. *Allez à l'enterrement d'elle.*

Id. II. 8. *la moindre partie de moy.*

Heptam. I. 106. *la bonne grace d'elle.*

7. Das adjectivum possessivum wurde wie im Altfranzösischen durch das Personalpronomen verstärkt. (cf. Diez. Gr. III. 73—74.)

Rab. V. 22. *et luy changeoient sa substance.*

Mont. II. 35. *ce que ses gens d'elle firent.*

8. Auch zwei Possessivpronomina finden sich bei einem Substantiv.

Marot. I. 132. *En evitant que les loups d'aventure*
                 *De mon corps tien ne feissent leur pasture.*

Id. II. 18. *Trouvons lieu et loysir*
             *De mettre à fin le tien et mien desir.*

St. Gelays. (Oeuvres compl. Paris 1873.) I. 89. *Car je senti vostre et mienne douleur.*

9. Im 16ten Jahrhundert findet sich das adjectivum possessivum im Singular vor mehreren Substantiven, die nicht in genus und numerus übereinstimmen.

Hept. II. 256. *son pere, frere et mary.*

Ib. III. 118. *leur pere et mere.*

Marot III. 125. *mon pays et demeure.*

Rabelais II. 8. *A leur fin et periode.*

Id. III. 9. *mon nom et armes.*

Id. III. 6. *Leur nom et armes.*

Id. III. 43. *vostre estat et dignités.*

10. Statt das adjectivum possessivum vor mehreren Substantiven zu wiederholen, setzte man es in der ältern Sprache einmal im Plural vor mehrere Substantive, die dann zur Einheit zusammengefasst wurden. Man findet diesen Gebrauch noch im 17ten Jahrhundert, obgleich ihn Vaugelas (p. 519) tadelte: *Jo faut repeter le pronom possessif, comme on repete l'article, par exemple on dit 'le pere et la mere', et non pas 'les pere et mere'; Ainsi il faut dire 'son pere et sa mere' et non pas 'ses pere et mere', comme dit la pluspart du monde, qui est*

*une des plus mauvaises façons de parler, qu'il y ayt en toute
nostre langue.* An einer andern Stelle (p. 571) bezeichnet er
es als einen Barbarismus *si l'on dit 'ses pere et mere' au lieu
de dire 'son pere et sa mere', 'ses habits et joyaux', au lieu de
dire 'ses habits et ses joyaux'; si l'on dit 'nos amis et ennemis',
au lieu de dire 'nos amis et nos ennemis.'*

Hept. II. 215. *ses pere et mere.*
Rab. III. 14. *En presence de ses pere et mere.*
Id. Epistre II. *A leurs requeste et instance.*
Id. I. 20. *vos mains et menées.*

Gessner (I. 24) citirt aus Pasquier:
> *Ses père et mère* und
> *Ses père, mère, frères.*

Mol. Mal. im. III. 3. *Chacun, à ses péril et fortune, peut croire
tont ce qu'il lui plait.*

11. Pleonastisch findet sich das adjectivum possessivum
noch im 17ten Jahrhundert. Chassang (N. Gr. §. 205 Hist.)
führt zwei Beispiele aus Racine an:
> *Qui voulrait élever sa voix?* und
> *Il reçut sur sa tête un coup de sabre,*

ausserdem zwei Beispiele aus Malherbe, wo das adjectivum
possessivum durch den Artikel ersetzt ist.

12. Erwähnt sei noch eine im 16ten Jahrhundert gebräuchliche Ausdrucksweise. Das adjectivum possessivum verband sich mit dem Participium 'dit.' Man sagte *mondit, madite*
etc., nach Analogiewirkung von *le dit, la dite* etc.

Hept. II. 140. *sondict maistre.*
Ib. II. 168 und 282. *sa dicte seur.*
Marot I. 140. *à madicte dame d'Alençon.*
Rab. I. 50. *Vouloit baiser les pieds de mondit pere.*
Id. Epistre III. *Madite dame.*
Id. ib. *pour sondit maistre.*
Id. ib. *vos dites lettres.*
Ambr. Paré. Le siége de Metz. (Darm. Hatzf. II. S. 168.)
*Mondit seigneur de Guise.*

13. Im 16ten Jahrhundert verwandte man zuweilen nostre
in der Anrede.

Marot I. 147. *Si t'advisons, nostre amye trèschere.*
Rab. III. 30. *Grand mercy, monsieur nostre pere.*
Id. IV. 6. *Nostre voisin, mon amy.*
Id. ib. *nostre voisin et amy.*

14. Der Gebrauch der alten Sprache das adjectivum possessivum der 3ten Person auf einen Sachnamen des vorhergehenden Satzes zu beziehen, statt *en* zu setzen, findet sich noch bei den besten Schriftstellern des 17ten Jahrhunderts. Bonhours (Rem. 176) hat diesen Gebrauch schon getadelt, doch hat er sich bis heute noch erhalten (cf. Lücking Frz. Gr. §. 222, 2. b. und Diez. Gr. III. 73.)

Corn. Méd. III. 3. *J'ai honte de ma vie, et je hais son usage,*
　　　　　　　*Depuis que je la dois aux effets de ta rage.*
Mol. Crit. de l'Ec. des Fem. 7. *Lysidas (parlant de sa pièce).*
　　　　　　　*Tous ceux qui étoient là doivent venir à sa première représentation.*


## Pronomen demonstrativum\*).

1. Um entferntere Personen oder Sachen zu bezeichnen, gebrauchte die alte Sprache das Pronomen *cil, cist* dagegen, um nähere Personen oder Sachen zu bezeichnen. Man sieht dies an den Beispielen, in welchen eine Person oder Sache einer andern entgegengesetzt ist, z. B.

Mont. I. 245. *La gloire et la curiosité sont les fléaux de nostre vie: cette cy nous conduict à mestre le nez partout ; et celle là nous deffend de rien laisser irrésolu et indécis.*
Ronsard VII. 52. *A celuy la vergongne et a cestuy l'espreuve.*

---

\*) Bei dem Demonstrativpronomen sind die Ronsard, Amyot und Montaigne entnommenen Beispiele in den von Gieseke „das Demonstr.-Prom. im Afrz." angeführten Ausgaben nachzusehen, nämlich *Oeuvres de Ronsard.* Paris 1567 und *Essais de Montaigne.* Paris 1868. *Les vie des hommes illustres de Plutarque, traduites du Grec par Amyot.* Paris 1811.

Aus diesem Grunde konnte die alte Sprache die Partikeln
*ci* und *là* entbehren, durch welche die neuere Sprache die
näheren oder entfernteren Personen oder Sachen bezeichnet.
Indessen finden sich diese Partikeln schon früh und ziemlich
häufig seit dem 15ten Jahrhundert, und die Schriftsteller des
16ten Jahrhunderts setzten auch *cettuy cy* und *cettuy la* oder
*celuy cy* und *celuy la*, um einen Gegensatz auszudrücken.

Hept. III. 81. *pleurer la difformité de cestuy cy envers cestuy là.*

Marot III. 195. *Prendre on l'eust peu, ne fust que ceste cy*
　　　　　*Avoit un arc de corne décoré,*
　　　　　*Et ceste là en avoit un doré.*

Mont. I. 138. *celle icy nourrit le poil de devant, celle là de*
　　　　　　　　　　　　　　　　　　　　　*derriere.*

Ronsard VII. 235. *Cestuy ci veult l'honneur, cestuy là le scavoir.*
　　　　　　*Cestuy ci aime les champs, cestuy là se fait voir.*

Als *cist* nicht mehr im Plural angewandt wurde und *ces*
aufhörte substantivisch zu stehen, gebrauchte man *ceux cy* und
*ceux là* für den Gegensatz.

Mont. I. 24. *On envioit ceux-là — ceux-cy on les desdaigne.*

Id. I. 70. *A la verité c'est raison qu'on face grande différence*
*entre les faultes qui viennent de nostre faiblesse, et*
*celles qui viennent de nostre malice: car en celles*
*icy nous nous sommes tandez à nostre escient contre*
*les règles de la raison, et en celles là il semble que*
*nous puissions appeller à garant cette mesme nature.*

Ronsard II. 58. *Qui or se monstroit commune*
　　　　　　　*A ceux-ci or à ceux-là.*

( cf. unten *ci* und *là*.)

2. Das Demonstrativpronomen *cil* hat sich bis zum Ende
des 16ten Jahrhunderts erhalten, wo es als Nominativ und auch
als Accusativ im Singular verwandt wurde.

Accusativ ist *cil*:

Marot I. 104. *Et mettre à mort cil qui entreprendroit.*

Id. I. 285. *L'escrit de cil qui du fait est indigne.*

Id. II. 127. *Renvoya cil qui au boys la laissa.*

Id. I. 286. *A cil qui rend la santé aux malades.*

Id. I. 59. *Il tire à cil du poete Vergile.*

3. *Cestuy*, später *cettui* geschrieben, findet sich noch im 17 ten Jahrhundert. Lafontaine gebraucht es substantivisch und adjectivisch (cf. Maetzner Gr. 170).

Rab. I. 561 und II. 2. *Cestuy en vostre advis.*

Id. III. 41. *Cestuy cy premier s'est rendu.*

Id. IV. prol. *Cestuy nostre souhait.*

Marot I. 5. *Et cestuy parle d'amour.*

Id. II. 15. *Cestuy guydon et triumphante enseigne*
　　　　　*Nous debvons suyvre.*

Id. IV. 5. *Lise cestuy colloque.*

Id. I. 21. *On ne veit onc un tel dedins de chasse*
　　　　　*Comme cestuy.*

Regn. Sat. XI. 291. *Bagasse, ouvriras-tu? c'est cestuy-cy, c'est*
　　　　　　　　　　　　　　　　　　　　　　　　　*mon.*

Id. Sat. VIII. 209. *Ne tueront cestuy-cy.*

Corneille gebrauchte *cettui-ci* zuweilen in seinen Comödien.

Clit. I. 9. 　　　　*Cettui-ci dépêché,*
　　　*C'est de toi maintenant que j'aurai bon marché.*

Id. ib. *Le seul Clitandre arma contre moi ces voleurs*
　　　*Cettui-ci fut toujours vêtu de ses couleurs.*

Id. ib. 　　　　*N'en dis pas d'avantage,*
　　　*Cettui-ci qui me vient faire quelque message,*
　　　*Apprendroit malgré toi l'éclat de tes amours.*

Lafont. Contes. Le Diable de Papefiguiere. *Cettui me semble, à*
　　　　　　　　　　　　　　　　　　　　　*le voir, Papimane.*

Id. ib. Mazet de Lamporechio. *En cettui lieu beaux peres*
　　　　　　　　　　　　　　　　　*fréquentoient.*

Id. ib. Le Calendrier des Vieillards. *Cettui Richard étoit juge*
　　　　　　　　　　　　　　　　　　　*dans Pise.*

## Cist.

1. Wie schon gesehen, bezeichnet *cist* etwas, das dem Sprechenden räumlich oder zeitlich unmittelbar nahe steht.

Rab. I. 257. *Cestuy cy est de Ouzay,*
　　　　　*Cestuy cy est de Palnau,*
　　　　　*Cestuy cy est de Argy,*
　　　　　*Et cestuy cy est de Villetramin.*

3*

Mont. III. 51. *Endemonides veoyant Xenocrates fort vieil s'em-
presser aux leçons de son eschole: Quand sçaura
cettuy cy dict-il s'il apprend encore.*

2. Im Altfranzösischen bezogen sich *cist* und *cil* auf
etwas Vorhergehendes. Später zog man *cil* vor und seit dem
15ten Jahrhundert waudte man fast immer *iceluy* an, um sich
auf etwas Vorhergehendes zu beziehen, wenn nicht der Begriff
der Nähe vorherrschte.

Rab. I. 99. *Il n'y a rabouttiere en tout mon corps ou cestuy
vin ne fouette le soif. Cestuy cy me la fouette
bien. Cestuy cy me la banira du tout.*

Ronsard III. 135. *Disant ainsi de sa belle ceinture.
Ceste ceinture estrangement pouvoit.*

Mont. I. 30. *Et le philosophe Biron de ce roy qui de dueil
s'arrachoit les poils, feut il pas plaisant? Cestuy
cy pense il ...*

*Cil* steht Rab. I. 177. *puis d'une main entroit par grande force
en un basteau, d'iceluy se jettoit en l'eau.
Puis iceluy basteau tournoit.*

3. Ferner wurde *cist* auf etwas unmittelbar Folgendes
bezogen.

Rab. I. 669. *Le naturel des femmes nous est figuré par la
Lune et en aultres choses et en ceste: qu'elles se
mussent.*

Mont. I. 26. *Cette aultre curiosité contraire me semble ger-
maine à cette cy: d'aller se seignant.*

4. *Cist* diente zur Bezeichnung des Interesses, der persönlichen Beziehung.

Rab. I. 667. *En cestuy article je comprends ce que escrit
Hippocrates.*

Mont. I. 83. *tout cousta à ce grand Pompejus la prolongation
de cinq ou six mois de vie. Et du temps de nos
peres ce Ludovic Sforza. Cestuy mesme nostre
Plutarque.*

Id. II. 120. *Cette mienne histoire.*

Amyot I. 103. *Cestuy Seiron.*

5. In Verbindung mit dem adjectivum relativum *qui*

diente *cist* an Stelle von *cil*, um das lateinische *is qui* auszudrücken, doch ist diese Wendung nie recht gebräuchlich
gewesen.

**Rab. I.˙555.** *Qui est icestuy qui là loing en sa main*
*Porte rame ceulx d'olive illustrement.*

**Marot II. 53.** *Ne tira pas Orpheus Eurydice*
*Hors des Enfers? Cela nous est indice*
*Que cestuy cy, qui mieulx que ces deux sonne …*

**Id. III. 248.** *Et si sauva cestuy là qui aux nopces*
*Alla et vint par les undes souvent.*

**Ronsard II. 75.** *Encor' un chant à cestui ci*
*Qui met ta cor de Darieme.*

**Mont. IV. 45.** *On veoid clair en cette cy qui est descouverte.*

6. *Cist,* an Stelle von *cil,* findet sich auch vor einem
Genitiv.

**Ronsard II. 211.** *Icy cestuy de la sage nature.*

7. Das femininum *ceste* wurde zuweilen im 16ten Jahrhundert absolut verwandt.

**Hept. II. 375.** *qui estoyt ceste là qui luy faisoyt si bonne chere.*

**Rab. III. 32.** *et en autres choses et en ceste.*

**Id. VI. 53.** *Vous me debvez ceste là.*

**Id. IV. prol.** *Merdigues, ceste cy estoit mienne.*

**Marot II. 23.** *C'est ceste là — ou si je faulx, ce sont toutes*
*ensemble.*

**Mont. I. 26.** *Cette aultre curiosité contraire me semble ger-*
*maine à cette cy.*

**Id. II. 15.** *tant de maisons gardees se sont perdues, où ceste-*
*cy dure.*

**Id. I. 56.** *D'où il advient, que je n'en ay aussi bien en memoire*
*que cette-là.*

Die andern Formen *cest (cet, ce)* und *cez* finden sich nicht
mehr substantivisch im 16ten Jahrhundert.

8. Der Plural des Femininums *ceste* findet sich
**Rab. IV. 67.** *Voyant cestes armoiries.*

## Cil.

1. Während der substantivische Gebrauch von *cist* im 16 ten Jahrhundert immer mehr nachliess, begann *cil* als pronomen demonstrativum sich einzuführen. Marot gebraucht es noch häufig adjectivisch, Rabelais selten, und Montaigne gebraucht es kaum anders als in der Redensart *à celle fin*.
Hept. II. 401. *à celle fin que.*
Rab. II. 31. *Apres celle victoire merveilleuse.*
Marot I. 10. *Et tant allay celle Dame querant.*
Id. I. 12. *Celluy manoir.*
Id. I. 13. *celle maison.*
Id. IV. 50. III. 158. III. 229. *A celle fin que.*
Id. I. 249. IV. 84. *A celle fin de.*
Mont. III. 13. p. 865. *A celle fin que le dormir menne ne m'echappast ainsi stupidement.*

2. „*Cil* bezeichnet eine Person oder einen Gegenstand, der entweder bekannt oder unbekannt und noch näher, gewöhnlich durch einen Relativsatz, zu bestimmen ist" (cf. Gieseke, d. Demonstr. im Afrz. S. 34). Bei Nachdruck oder Hervorhebung drs Gegenstandes als eines bekannten steht *cist*.
Rab. II. 163. *Toutes fois je le interpreterois de celuy grand servateur des fideles qui fut en Indée occit.*
Marot I. 146. *Voilà comment peult revenir celle precieuse Dame sourent appellée par la nation françoise.*
Ronsard VIII. 98. *Celle beauté qui te faisoit mourir.*

*Cist* findet sich:
Rab. I. 313. *il nous plante la vigne dont nous vient ceste nectaire que liqueur qu'on nomme le piot.*
Marot I. 73. *Ariere ceste lire Dont je chantois l'amour par cy devant.*
Ronsard II. 34. *Ceste hymne que je moisonne.*
Id. IV. 187. *De ceste maison de Ronsard que l'on appeloit la Possonniere.*
Mont. I. 14. *pour exprimer cette morne muette et sourde stupidité qui nous transit.*

3. Dem Determinativ *cil* konnte folgen ein Relativsatz,

oder der Genitiv eines Substantivs oder ein Adverb. Besonders vor dem Genitiv eines Substantivs wurde *cil* sehr oft gebraucht und findet sich noch heute zuweilen so. *Cil* vor dem Genitiv eines Ortsnamens bezeichnete dessen Einwohner, wie es allgemein den Ausfall eines Substantivs, wie *homo* im Lateinischen, bezeichnete (cf. Diez, Gr. III. 75).

### a) *cil* vor einem Relativsatz.

Rab. I. 89. *Cil qui jadis anihila Carthage.*
Id. I. 299. *Cil qui enfin pourra perseverer.*
Marot II. 86. *Vault mieux que cil qui ne porte que fleurs.*
Id. I. 89.     *Qui est cil aujourd'huy*
    *Qui ne voudra.*
Ronsard IX. 57. *Cil qui ivignoit les Muses.*
Regn. Sat. VI. 185. *Ha! dieu, pourquoi faut-il que mon esprit*
    *ne vaille*
    *Antant que cil qui mist les souris en ba-*
    *taille.*
Mont. I. 260. *Tout ainsi que cil qui feut rencontré.*

### b) *Cil* vor einem attributiven Genitiv.

Marot II. 88. *par ceulx de la cité.*
Id. III. 247. *ceulx de Poictiers.*
Rab. I. 47. *ceux de Bessé.*
Heptam. III. 86. *tous ceulx de la maison.*
Mont. II. 444. *Ceulx de Creta.*
Id. IV. 195. *Ceus de Nerac, ceuls de Marmande.*
Regn. Sat. II. 236. *ceux de ce temps.*
Id. Sat. IV. 168. *ceux de sainct Michel.*
Id. Sat. XII. 125. *ceux du mestier.*
Voiture 1. 8. 1. *ceux du conseil d'Espagne.*
Id. I. 69. 10. *Ceux de la magie.*
Id. I. 215. 13. *ceux de Verceil.*
Lafont. Contes. L'Oraison de saint Julien. *Ceux de la ville.*

### c) *cil* vor einem Adverb.

Gessner (I. 32) citirt aus Montaigne: *Ceux d'aujourd'hui.*
Lafont. Contes. Nicaise. *Ceux d'aujourd'hui.*

4. Wenn das Determinativ dazu diente ein vorherge-

hendes Substantiv zu vertreten (z. B. *son cheval et celui de son ami*), konnte es auch fortgelassen werden.

Hept. II. 152. *le frere — laissa en ung jour par une morte subite le bien qu'il tenoit, de sa seur et le sien.*

Rab. III. 25. *La mocquerie est telle que de la montaigne d'Horace.*

Heptam. III. 127. *Mais que les bestes ne me mordent poinct, leur compaignye m'est plus plaisante que des hommes.*

Corn. Méd. III. 3. *Mon père, trop sensible aux droits de la nature,*
*Quitta tous autres soins que de sa sépulture.*

cf. Godefroy Lex. comp. I. 166 und II. 224.

5. Bemerkenswerth sind zwei Redensarten, die durch *celui* mit *qui* gebildet und oft im 16ten Jahrhundert gebraucht wurden (cf. Chassang. N. Gr. §. 247. Hist.).

a) *Celui* hatte die Bedeutung eines unbestimmten Pronomens, *personne, nul, aucun*, wenn es vor dem Verbum *être* stand mit doppelter Negation. Das Verbum folgte im Conjunctiv.

Rabelais II. 20. *Il n'y eut celuy qui ne beust vingt cinq ou trente muiz.*

Marot I. 142. *en bataille ou assaut*
*N'y aura cil, qui ne prenne cueur haut.*

Id. I. 147. *Il n'y a cil qui son souhait ne face*
*D'estre avec toy.*

Id. I. 211. *il n'y a cil qui pour vray ne deserve un prix à part.*

Id. I. 288. *Qu'il n'est celuy qui ne s'en mescontente.*

Amyot I. 213. *et n'y eut celuy qui ne jugeast.*

b) *Celui* hatte den Sinn des lateinischen *aliquis*, wenn ihm die Vergleichspartikel *comme* voranging. Das Verbum folgte im Indicativ.

Heptam. I. 103. *delibera de l'entretenir comme celuy qui la vouloit espouser.*

Hept. II. 171. *et vesquit comme celle qui estoit pleine de l'esprit de Dieu.*

Ib. II. 213. *comme celluy qui en son temps ne trouvoit son pareil.*

Hept. III. 124. *Et comme celle qui avoyt toute consolation en Dieu.*
Rab. I. 691. *Comme celuy qui de prés regarde à ses affaires*
*privées.*
Marot IV. 51. *Je souffriray, comme cil qui sera*
*Le tien subject.*
Id. I. 150. *Comme à celluy en qui.*
Ronsard. IX. 59. *Comme celuy qui fut en son vivant*
*d'Amour, de Mars et des Muses servant.*
Mont. I. 45. *ils marchaient en desordre, comme ceux qui*
*cuidoyent bien estre hors de tout danger.*
Amyot I. 198. *comme celuy qui demandoit plus tost occasion*
*de guerre.*
Regn. Sat. VI. 82. *Mais ton doux naturel fait que je me propose*
*Librement te monstrer à nud mes passions,*
*Comme à cil qui pardonne aux imperfections.*

*Cist* wurde selten so verwandt:
Marot III. 129. *Comme cestuy qui — Se disoit.*

6. Eine andere Redewendung finden wir bei Marot in seiner Uebersetzung von Ovids Metamorphosen. Er ersetzte die Redensart *comme celuy qui* durch *comme* mit dem participe présent.
Marot III. 190. *Comme sçachant les emblées secretes*
*Du sien espoux, tant de fois en cachetes*
*D'elle surpris.*
Ovid hat *ut quae*
*Deprensi toties jam nosset furta mariti.*
Id. III. 190. *comme non congnoissant*
*La verité.*
Ovid: *veri quasi nescia.*
Id. III. 221. *Comme n'ayant pas mis en oubliance*
*Le feu à tort sur Phaeton jecté.*
Ovid: *ut injuste missi memor ignis ab illo.*

7. Das Altfranzösische setzte gern zugleich das masculinum und das femininum des Determinativs, um in unbestimmtem Sinne zu bezeichnen *des personnes, tous les hommes.* Auch einige unbestimmte Pronomina wurden so verwandt. Cf. *chacun* Nro. 7, *maint* Nro. 4, *un* Nro. 4.

Hept. II. 419.  *aussy mene elle plus que autre passion à*
*desespoir celluy ou celle qui.*

Rab. Pronost. IX.  *Ceux et celles qui ont voué jeuner.*

Marot II. 44.  *Qui est cil ne celle en cestuy monde,*
*En qui douleur par faulx rapport n'abonde?*

8. Die Formen *icelui* und *icelle* haben sich substantivisch
und adjectivisch bis zum 17ten Jahrhundert erhalten. Racine
wendet sie noch an, indem er die alte juristische Sprache
parodirt (cf. Maetzner Gr. p. 170. Chassang, N. Gr. §. 71.
Origines latines et histoire).

Racine. Plaid. III. 3.  *De ma cause et des faits renfermés en*
*icelle.*

Id. ib. III. 3.  *Trois procureurs, dont icelui Citron a déchiré*
*la robe.*

9. Wie wir gesehen haben, bezog sich substantivisches
*icelui* auf etwas Vorhergehendes. Es ersetzte dann oft ein
Personal- oder Relativpronomen, oder, wenn es von einem
Substantiv abhing und von der Präposition *de* regiert wurde,
ein Possessivpronomen.

Hept. II. 182.  *estant en l'agonie de ceste cruelle mort, le corps*
*qui combatoit contre icelle.*

Rab. II. 1.  *En icelle, les kalendes furent trouvées par les*
*breviaires des Grecs.*

Id. ib.  *D'iceux sont descendus les couilles de Lorraine.*

Id. III. 4.  *Pour icelles trouver.*

Marot II. 53.  *et renversant icelle L'ont* ...

Id. I. 79.  *Par le plus fort esprit en vous infus*
*D'icelluy seul vient nostre suffisance.*

Mont. I. 8.  *Dionysius le vieil ayant pris la ville de Regge et*
*en icelle le Capitaine P.*

Es ersetzt das Possessivpronomen in folgenden Beispielen:

Marot III. 239.  *Si qu'elle estoit l'honneur et fleur d'icelles.*

Id. I. 39.  *Et est d'iceux la rectrice.*

Id. IV. 37.  *Leur habit sainct, le chant d'icelles.*

Heptam. III. 44.  *regardoit ententivement au service divin et au*
*mistere d'icelluy.*

Ronsard IX. 91.  *Par l'arche qui flottoit desur l'onde azurée,*

*grand Dieu ne pardonnoit qu'aux hommes*
*qui estoient entrez au fond d'icelle.*
Amyot I. 112.   *mais en la Grece, et aux environs d'icelle.*

## Cy und là.

1. Die heute geltende Regel: Wenn dem Demonstrativpronomen weder ein Genitiv noch ein Relativ folgt, so setzt
man *celui-ci*, *celle-ci*, *ceux-ci*, *celles-ci*, oder *celui-là*, *celle là*,
*ceux-là*, *celles-là*, bestand noch nicht im Altfranzösischen. Bis
zum 17ten Jahrhundert wurden *ci* und *là* fortgelassen, wo das
heutige Französisch sie setzen würde, und umgekehrt wurden
sie gesetzt, wo sie heute unzulässig sein würden (cf. Gessner
I. 31).

Marot III. 204.       *mais celuy seul je suis*
                 *Qui le flambant chariot mener puis.*
Id. III. 36.  *Celuy n'escrit aucune chose*
         *Duquel l'ouvrage on ne lit point.*
Regn. Sat. VI. 199.  *Celuy le peut bien dire à qui dès le berceau*
             *Ce malheureux honneur a tins le bec en l'eau,*
             *Qui le traine.*

*Là* ist gesetzt:

a) vor einem Genitiv.
Marot III. 239.  *Entre celluy de Pundrose à la dextre,*
            *Et cestuy là d'Aglauros à senestre.*
Id. IV. 51.  *Que celle là d'Echo, qui semble, vive.*
Id. IV. 157.       *et à ceux là*
            *De vostre parentage.*
Regn. Sat. XII. 56.  *Ayant peur que ce soit celle-là du milieu.*

Vorstehendes Beispiel, Marot III. 239, beweist, dass die
Partikel *là* sich auch mit dem Pronomen verband, welches die
nähern Personen oder Sachen bezeichnete.

b) unmittelbar vor dem Relativpronomen *qui*.
Marot I. 21.  *fors celle la dont veulx estre pourveu.*
Id. I. 52.  *Et cestuy là, qui sa teste descœuvre,*
        *En playderie a faict un grand chef d'œuvre.*
Id. I. 85.  *Pour cestuy là qui à l'instant pourrist.*

Regn. Sat. III. 151. *Il est vray que ceux-là qui n'ont pas tant*
*d'esprit*
*Peuvent mettre en papier leur dire par*
*escrit.*

Id. Sat. X. 279. *Or, entre tous ceux-là qui nous viennent*
*reprendre.*

Lafont. Contes. L'Oraison de saint Julien. *Mais celui-là qui n'a*
*fait en sa vie*
*Que de bons tours.*

Id. ib. Le Roi Candaule, et lo Maître en droit. *Rome, non celle-là*
*que les mœurs du*
*vieux temps*
*Rendoient triste.*

Id. ib. Le Diable en enfer. *Et ne suis pas du goût de celle-là*
*Qui — — — Disoit.*

Id. ib. La Mandragore. *il se trouve fatal*
*A celui-là qui le premier caresse*
*La patiente.*

Id. ib. La Confidente sans le savoir. *Même ceux-là qui brillent*
*dans le cieux.*

Vaugelas (p. 325) giebt die Regel, in welcher er diesen
Gebrauch tadelt: *Jamais on ne doit user du pronom demon-*
*stratif avec la particule ‚là‘, quand il est immediatement suivi*
*du pronom relatif ‚qui‘, ou ‚lequel‘, aux deux genres et aux*
*deux nombres.... Mais quand le pronom relatif est entre deux,*
*alors il faut mettre la particule ‚la‘, comme ‚ceux-là se trompent,*
*qui croyent etc.‘ Il n'est pas croyable combien de gens manquent*
*à cela.*

*Cy* wurde im 16ten und 17ten Jahrhundert zuweilen *icy*
geschrieben. Wir finden bei Vaugelas (p. 366) die Bemerkung: *Cy, joint aux substantifs. Tout Paris dit, par exemple,*
*‚cet homme-cy, ce temps-cy, cette année-cy‘, mais la plus grand‘*
*part de la Cour dit ‚cet homme icy, ce temps icy, cette année*
*icy‘, et trouve l'autre insupportable, comme reciproquement les*
*Parisiens ne peuvent souffrir ‚icy‘, au lieu de ‚cy‘. Ce qu'il y*
*a à faire en cela, est ce me semble, de laisser le choix de l'un*
*ou de l'autre à celuy qui parle; bien que pour moy, je voudrois*

*tousjours dire ‚cet homme icy‘, et non pas ‚cet homme-cy‘, et ainsi des autres.*

Hept. II. 127. *ce gentil homme icy.*

Ib. II. 170. *Cest acte icy.*

Ib. II. 253. *dès ceste heure icy.*

Ib. II. 359. *j'ay acquis ce loisir icy.*

Rab. V. 28. *Ce bois icy quel est il?*

Marot I. 257. *Ces vers icy.*

Id. IV. 171. *si bien fortunée Que ceste icy.*

Id. II. 102. *en ce moys icy.*

Mont. I. 138. *celle icy nourrit le poil de devant.*

Id. I. 70. *car en celles icy.*

Regn. Sat. II 89. *ces gens icy.*

Id. Sat. III. 19. IV. 21. *ce monde icy.*

Id. Sat. XIV. 62. *ces temps icy.*

Id. Sat. VIII. 227. *en ce bas monde icy.*

## Ce.

1. Im 16ten und 17ten Jahrhundert wurde *ce* zuweilen mit der dritten Person des Verbums *venir* verbunden, um das Eintreten von etwas Bevorstehendem anzudeuten (cf. Gessner I. 35).

Marot II. 252. *Mais quand ce vient qu'aux obseques on chante.*

Id. III. 87. *Puis quand ce vint.*

Hept. II. 349. *Quant ce vint après la messe, que la contesse d'Aiguemont reçut.*

Ib. III. 84. *Mais quant ce vint au departir.*

Mont. I. 13. *Quand ce vint au pere de la vierge.*

Gessner (I. 35) citiert aus Lafontaine: *Quant ce vint à payer.*

2. Das neutrale Demonstrativpronomen *cela* fängt erst im 16ten Jahrhundert an häufiger verwandt zu werden. Es steht, wo wir *ce* erwarten würden, und umgekehrt (cf. Darm. Hatzf. § 157).

Grand Parangon 22. *De prendre cela qu'il avoit.*

3. Indessen hat sich *ce* noch lange in verschiedenen Wendungen erhalten:

a) in einigen Conjunctionen, die pleonastisch durch *ce* mit einer Präposition gebildet wurden.

Hept. II. 132. *sans ce qu'il me puisse desheriter.*

Ib. II. 375. *sans ce qu'il s'apperceut jamays.*

Marot I. 27. *Mais pour ce que je suis des vieux.*

Id. II. 33. *pource que je pensay.*

Rab. III. prol. *Pour ce qu'ilz ne sont de bien, ains de mal.*

Id. II. 1. *a ce que ne fit desconfite.*

Marot I. 250. *A ce que.*

Vaugelas (p. 308) tadelt diese Conjunction: *,à ce que' pour ,afin que', est vieux.*

Gessner (I. 36) citirt noch

Marot. *Sans ce que j'en abuse.*

Montaigne. *La vertu du jeune, outre ce que c'est blasphemer de luy en apparier nulle en vigueur, fut bien nette.*

b) die Conjunction *cependant que* findet sich noch im 17ten Jahrhundert.

Rab. Sciomachie. *Cependant que.*

Marot III. 219. *Et cependant qu'elles sont.*

Id. II. 76. *Mais ce pendant qu'en ramage musique Chantent aux boys comme rossignolletz.*

Id. III. 208. *Or ce pendant que t'ay propos tenu.*

Ronsard IX. 221. *Ce pendant qu'il avoit toujours tenu la foy.*

Mont. I. 19. *cependant qu'il donne delay d'une huictaine à une partie, le voila saisi.*

Mol. L'Et. V. 14. *Cependant que chacun, après cette tempête, Songe à cacher aux yeux la honte de sa tête.*

Lafont. Fabl. I. 22. *Cependant que mon front au Caucase pareil Brave l'effort de la tempête.*

Id. ib. II. 13. *Cependant qu'ils sont en danger.*

Id. Contes. Les Lunettes. *Et cependant que la troupe maudite Songe comment il sera guerdonné.*

Id. Contes. Le Cuvier. *Monsieur s'en va chopiner, cependant Qu'on se tourmente ici le corps et l'ame.*

c) ferner:

Rab. III. 32. *Ce neantmoins qu'il veillast.*

Id. II. prol. *Des ce que je fus.*

d) in den Redensarten *ce non obstant, ce néantmoins.*
Erstere kommt im Kanzleistil noch heute vor, cf. Lücking
Frz. Gr. § 229. 3.

Rab. I. 159. *Ce non obstant.*

Id. IV. 60. *Ce non obstant Gaster confessoit estre, non dieu,
mais pauvre creature.*

Marot II. 7. II. 10. I. 249. II. 28. I. 253. *Ce non obstant.*

Id. I. 66. II. 55. II. 82. *Ce neantmoins.*

Mont. I. 353. I. 39. *Ce neantmoins.*

e) nach einigen Präpositionen an Stelle von *cela.*

Vaugelas (p. 82) tadelt diese Verwendung von *ce: Je dis
que ,pour ce‘, pour dire ,partant‘, ou ,à cause de cela‘, n'est
pas bon, et qu'il ne doit jamais estre employé à cet usage. Il
se disoit autrefois, mais il ne se dit plus.* Ferner p. 308: *Outre
ce. Cette façon de parler ne vaut rien, il faut dire ,outre cela‘*

Hept. II. 280. *pour ce j'ay eu envye.*

Ib. II. 365. *Et sur ce elle envoya querir son frere.*

Ib. II. 177 und 253. *pour ce.*

Ronsard IX. 7. *pour ce.*

Rab. I. 103. *par ce.*

Id. III. 14. *Et ne ce ne me faisoit mal quelconque.*

Mont. III. 6. III. 12. *Outre ce.*

Rab. I. 187. *Non content de ce.*

Id. I. 609. *Panurge de ce fasche.*

Id. IV. 34. *De ce non content Pantagruel luy en darda un
autre.*

Mont. IV. 39. *sur ce.*

Marot IV. 31. *sur ce venoyent
Mille propos.*

Regnier p. 241. *sur ce.*

*Sur ce* findet sich noch heute als Kanzleiausdruck und
archaisch am Schluss von Briefen (cf. Lücking, Frz. Gr.
§ 229. 3).

f) in den Wendungen *à ce faire, en ce faisant*, welche
Vaugelas (p. 309) tadelt: *On ne peut pas nier, que ces deux
façons de parler ,à ce faire‘, et ,en ce faisant‘, ne soient fort
commodes et fort ordinaires dans plusieurs de nos meilleurs*

*Autheurs*: *mais elles ne sont plus aujourd'huy du beau stile, elles sentent celuy des Notaires.*

Hept. III. 179. *en ce faisant.*

Mont. III. 4. *en ce faisant.*

Id. I. 27. *à ce faire.*

Marot I. 41. *Qu'en ce faisant sembloit.*

g) in den Ausdrücken *de ce* und *à ce* mit einem persönlichen Verbum, welche heute durch *en* und *y* ersetzt sind.

Hept. II. 151. *qu'il luy donnoit louange de ce dont les autres la blasmoient.*

Marot II. 93. *De ce nous font tesmoingnage.*

Id. II. 180. *de ce je vous asseure.*

Id. II. 147. *qui sont à ce contrainctz.*

Id. IV. 37. *Que l'esprit qui à ce me tire Vient de Dieu.*

h) häufig in eingeschobenen Sätzen.

Vaugelas (p. 308) tadelt diese Redewendung: *Ce dit il, ce dit on. On dit tous les jours l'un et l'autre en parlant, mais on ne le doit point dire en escrivant, que dans le stile bas. Il suffit de ,dit-il, dit-on', sans ,ce', et c'est ainsi qu'il s'en faut servir par parenthese, quand on introduit quelqu'un qui parle.* Die Academie sieht diese Wendung als veraltet an, und nach Lücking (§ 229. 2) ist heute *ce dit-il* ein archaischer und familiärer Ausdruck.

Heptam. III. 186. *M'amye, ce luy dist la duchesse, vous povez parler.*

Ib. III. 8. 9. 26. *ce dist Longarine.*

Marot III. 203. *O lumiere pudique, Ce respond il, Phebus, mon pere unique.*

Id. I. 147. *ce dict on.*

Id. I. 191. *ce me dirent ilz lors.*

Id. I. 249. *ce croi je.*

Id. III. 35. *ce cuyde je.*

Id. III. 27. *ce disoit une.*

Mont. I. 24. I. 38. I. 46. *ce croy-je.*

Regn. Sat. IV. 110. *Ce n'est, ce dirat'on, qu'un poëte à la douzaine.*

Id. Sat. XI. 211. *Ce me respondit-elle.*
Voiture II. 78. 16. *Madame, ce luy dit-elle.*
Id. I. 388. 32. *ce dit Ciceron.*
Lafont. Contes. La Coupe enchantée.   *Peu d'époux*
                                      *Sont exempts, ce dit-on, d'un*
                                      *accident semblable.*
Id. ib. Le Savetier. *Ce lui dit-il.*

i) bei Datumangaben. Ploetz, N. Gr. p. 313: *il n'a*
*été conservé qu'en style de pratique et de procès-verbal.*
Marot I. 48.   *De Lyon, ce Ier jour de l'an de grace 1542.*
Id. IV. 189.   *De Paris ce douziesme jour d'aoust 1532.*
Id. IV. 196.   *Escript à Lyon ce dernier jour de juillet.*
Rab. IV. 3.   *Ce treizieme de juin.*
Mont. IV. 217.   *De Montaigne ce disciesme d'aoust 1570.*
Id. I. 4.   *De Montaigne, ce 12 de jun.*
Voiture I. 235.   *A Paris ce 15. Janvier 1639.*
Id. I. 88.   *De Madrid. Ce 8 Juin.*
Pascal. Prov. I.   *De Paris, ce 25 janvier 1656.*

In den Briefen von Roger de Rabutin, Comte de Bussy
(Halle 1764) ist *ce* ausschliesslich bei Datumangaben verwandt, z. B.
p. 1   *A Bussy, ce 3. Mars 1667.*
p. 309.   *A Paris, ce 24 Décembre 1692.*

Indessen findet man im 16ten Jahrhundert auch *le*, z. B.
      *Escript à Blois, le 10 octobre 1570.*
      *(Lettre de Charles IX à Montaigne.)*

4. Im 16ten und 17ten Jahrhundert wurde die Wieder-
holung von *ce* beim Substantivsatz, dem es als grammatisches
Subject zur Stütze diente, wenn es vom Verbum *être* durch
mehrere Satztheile getrennt war, unterlassen, wo sie heute
stattfinden müsste (cf. Glauning, Marot S. 14).
Marot I. 197.   *Ce que je vous en mande*
      *N'est pour vous faire, ou requeste ou demande.*
Id. I. 254.   *Mais à quel juge est ce que nous irons,*
      *Si n'est à vous?*
Mol. Ec. des fem. III. 2.   *Ce que je vous dis là ne sont point*
      *des chansons.*

Id. Impr. de Versailles III. *On m'a montré la pièce et comme*
*tout ce qu'il y a d'agréable sont*
*effectivement les idées qui ont été*
*prises de Molière, la joie —*

Racine. Plaid. II. 9. *tout ce qu'il dit sont autant d'impostures.*

5. *Ce* wurde vor einem Relativ- und Interrogativpronomen
fortgelassen. Cf. Relativpronomen Nro. 1 und Interrogativpronomen Nro. B. 2.

6. *Ce* diente dazu auf folgende directe Rede hinzuweisen, z. B.

Hept. II. 258. *Ce dist Saffredent: Il y en a qui sont —.*

Ib. II. 383. *Ce dist Parlamente: ilz ne les preschent pas —.*

Marot II, 78. *Lors ce va dire un gros paillard:*
*Par la morbieu, voilà Clément.*

7. Wenn das logische Subject eines Gedankens ein Satz
war, der von einem vorangehenden Satze mit neutralem Subject
abhing, wandte man als Subject des regierenden Satzes im
16 ten Jahrhundert *ce* viel freier an als heute, statt *il.* Cf.
Gessner (I. 35).

Heptam. II. 86. *c'est raison qu'il cherche ailleurs meilleure*
*fortune.*

Marot I. 256. *au moins quand ce viendra Que serai mort.*

Die Wendung *c'est raison que* ... findet sich ziemlich oft.
(cf. auch die Beispiele Graefenberg, Beitr. p. 45).

8. Im Altfranzösischen und noch im 16 ten Jahrhundert
brauchte *ce* nicht immer unmittelbar mit *être* verbunden zu
sein, wenn es das grammatische Subject bildete. Es verband
sich auch mit andern Verben.

Mont. III. 5. p. 662. *Ce qu'il s'en voit si peu de bons, est*
*signe de son prix.*

Id. II. 12. p. 422. *Mais ce, qu'il ne se void aucune proposition,*
*qui ne soit debattuë et controverse entre nous,*
*ou qui ne le puisse estre, montre bien que.*

Id. II. 15. *Ce que tant de maisons gardees se sont perduës, où*
*ceste cy dure: me fait soupçonner que.*

Gessner (I. 37) citirt noch aus Malberbe: *Aussi ne faut-il pas*
*penser que ce que Mer-*

*cure est peint en la*
*compagnie des Graces,*
*ce soit pour signifier.*

9. *Ce* bildet das grammatische Object:

Mont. III. 2. p. 635. *Ce qu'elle refuse de m'enfourner à ce*
*plaisir, en consideration de l'interest de*
*ma santé corporelle, elle ne le feroit non*
*plus qu'autrefois pour la santé spirituelle.*

Ebenso id. III. 3. p. 645.

## Pronomen relativum.

### A. Adjectivisches Pronomen.

### Que.

1. In der ersten Hälfte des 16ten Jahrhunderts trifft man *que* noch als Nominativ.

Rab. III. 29. *Encores n'ay je veu response que plus me plaise.*
Id. I. 16. *La queue des beliers de Scythie, que pesoit plus de*
*trente livres.*
Marot III. 176. *les nues qu'icy hantent.*
Id. II. 61. *est ce chose que blesse.*

### Qui.

2. Im 16ten und 17ten Jahrhundert wandte man oft *qui* an, wenn das Relativpronomen von einer Präposition abhing und sich auf etwas Vorhergehendes bezog, das eine Sache bezeichnete. Es kommt dies heute nur noch im erhabenen Stil vor, wenn eine Personification stattfindet (cf. Ploetz, N. Gr. p. 326), aber es ist characteristisch für die Sprache des 16ten und 17ten Jahrhunderts. Vaugelas (p. 55) billigt diesen Gebrauch nicht: *Qui, au génitif, datif et ablatif (c'est à dire, regi par de, à, par ou, par quelque autre préposition), en l'un et en l'autre nombre ne s'attribue jamais qu'aux personnes.* Aber da wiederum zur Zeit Molière's *lequel* in sehr beschränktem Masse gebraucht wurde, weil es schwerfälliger erschien,

als *qui*, so hat sich *qui* lange Zeit, besonders in der Poesie
erhalten.

(Cf. Godefroy, Lex. comp. II. 230. Nfrz. Zs. IV. 148.
Génin Lex. comp. 111. 228. 344. Chassang N. Gr. § 257. Hist.
Nordstroem Regn. p. 28. Lidforss Ronsard p. 40.)

Hept. II. 196.   *Ce fondement estoit vostre beaulté,*
             *Soubz qui estoit couverte cruaulté.*

Marot II. 54.   *Le cueur, sur qui nulle autre n'a puissance.*

Id. I. 169.   *Duché de qui partout le nom s'estend.*

Mont. I. 19.   *une molle tranquillité — sans qui toute autre*
             *volupté est esteinte.*

Ronsard. Odes. l. 2.   *Ce regne heureux et fortuné,*
             *Sous qui l'heureuse destinee*
             *Avoit chanté.*

Jodelle. L'Eugene. Prologue.   *Jurans une amour eternelle*
             *A qui le temps ne fera rien.*

Regn. Sat. VI. 116.   *Lors du mien et du tien nasquirent les*
                           *procez,*
             *A qui l'argent depart bon ou mauvais*
                           *succez.*

Corn. Cinna. V. 3.   *Je triomphe aujourd'hui du plus juste*
                           *courroux*
             *De qui le souvenir puisse aller jusqu'à vous.*

Id. Le Ment. I. 4.   *Nommez quelques châteaux de qui les noms*
                           *barbares,*
             *Plus ils blessent l'oreille, et plus ils semblent*
                           *rares.*

Mol. L'Av. IV. 1.   *et n'oubliez rien, s'il vous plaît, de ces*
             *tendres paroles, de ces douces prieres, et de*
             *ces caresses touchantes à qui je suis persuadé*
             *qu'on ne saurait rien refuser.*

Lafont. Fabl. V. 14 [9].              *c'est l'idole*
             *A qui cet honneur se rend.*

Id. ib. VI. 9 [18].   *Ses pieds, de qui ses jours dépendent.*

3. Wie *que* Nominativ war an Stelle von *qui*, so wurde
*ce que* auch als Nominativ gebraucht.

Rab. IV. 36.   *Ce que ne resta impuny.*

Id. I. prol. *Soigneusement peser ce que y est deduict.*

Marot I. 62.   *Le griffon donc en son livre doubla*
           *De mes propos ce que bon luy sembla.*

Lafont. Contes. La Chose impossible. *Ils seront à Satan et*
                          *Satan en fera*
                      *Tont ce que bon lui*
                             *semblera.*

## Quoi.

1.  Im 16 ten und 17 ten Jahrhundert bezog man allgemein *quoi* auf Sachnamen im Singular und im Plural. Es ist
dies ein Gebrauch, den Vaugelas noch gelten lässt, den aber
die Academie (1704) beschränkt. Wir lesen bei Vaugelas
(p. 54): *Ce mot a un usage fort elegant et fort commode pour
suppléer au pronom ,lequel‘, en tout genre et en tout nombre,
comme fait ,dont‘, d'une autre sorte. Car ,lequel, laquelle, lesquels‘, et son feminin, avec leurs cas, sont des mots assez rudes,
s'ils ne sont pas bien placez selon les reigles que nous en don-
nerons en son lieu. On dit donc fort bien ,le plus grand vice
à quoy il est sujet‘, au lieu de dire, ,auquel il est sujet‘, et il
y a bien à dire que ce dernier ne soit si bon, et ,la chose du
monde à quoy je suis le plus sujet‘ plustost qu',à laquelle‘.
Voilà deux exemples pour les deux genres au singulier. En
voicy deux autres pour les deux genres au pluriel. ,Les trem-
blemens de terre à quoy ce pays est sujet; Ce sont des choses à
quoy il faut penser‘. ,Ausquels‘, et ,ausquelles‘, n'y seroient pas
si bons de beaucoup; Ainsi ce mot est indeclinable.*

Und (p. 55): *On se sert bien souvent de ,quoy‘, pour ,lequel‘,
aux deux genres, et aux deux nombres. Par exemple; ,c'est le
cheval avec quoy j'ay couru la bague, c'est le cheval sur quoy
j'ay esté blessé‘, pour dire ,avec lequel‘, et ,sur lequel‘, ainsi des
autres.*

Hept. II. 422. *le regret et la honte en quoy elle demoroyt.*

Ib. III. 10. *ce troisiesme peché en quoy ilz sont subgectz.*

Marot I. 37.  *O le grand aise en quoy tu vis.*

Mont. I. 19.  *les mines et appareils effroyables, dequoy nous*
             *l'entourons.*

Id. I. 23.  *cette contexture dequoy elle fut la dissolution.*

Corn. Androm. I. 2. *Ce blasphème, seigneur, de quoi vous m'accusez.*

Id. Heracl. III. 1. *Ah! combien ces moments, de quoi vous me flattez,*
*Alors pour mon supplice auroient d'éternités.*

Pascal. Prov. I. *puisque la lumière sans quoi on ne voit point.*

Id. Prov. VI. *car il nous marqua toutes ces particularités-là sans quoi à peine l'aurait-on cru.*

Mol. Fem. sav. III. 5. *Voici de petits vers pour de jeunes amants, Sur quoi je voudrois bien avoir vos sentiments.*

Id. Tart III. 3. *Ce n' est pas le bonheur, après quoi je soupire*

Lafont. Fabl. VIII. 13⁴⁰. *L'amour.* — *Ce mot est beau!*
*dites-moi quelques marques*
*A quoi jè le pourrai connoître: que sent-on?*

2. **Quoi** bezog sich nur selten auf Personen. Vaugelas (p. 54) bemerkt: *Il n'est pas necessaire d'ajouster que l'on ne se sert jamais de ce mot en parlant des personnes, comme, on ne dira point, ,ce sont les hommes du monde à quoy nous devons le plus de respect', mais ,à qui'. Il n'y a que les Estrangers, qui puissent avoir besoin de cet advis.*

Ferner (p. 118): *Quoy, au contraire, ne se met jamais pour ,lequel', quand on parle des personnes, mais seulement quand il s'agit des animaux, et des choses inanimées, et s'accommode à tous les genres, et à tous les nombres.*

Mont. II. 8. p. 302. *Ce Labienus dequoy je parle.*

Id. III. 5. p. 681. *Les Esseniens dequoy parle Pline.*

Id. II. 8. p. 300. *mais cela ne touche aucunement les vieilles (sc. femmes) dequoy nous parlons icy.*

## Lequel.

1. *Lequel* fing im 13ten Jahrhundert an öfter angewandt zu werden, im 14ten Jahrhundert wurde es ganz allgemein gebraucht, und im 17ten findet es sich sehr selten. Génin (Lex. comp. p. 227) schreibt: *Molière paraît avoir eu pour ce mot une antipathie si prononcée, il l'emploie si rarement que*

*j'ai pensé intéressant de recueillir les passages où il se trouve,
et ceux où il est visiblement évité.* Ferner: *Voyez au mots, ,qui,
de qui, quoi, où' d'autres exemples, en grand nombre, qui ne
permettant pas de douter que Molière n'évitât de propos déliberé
l'emploi de lequel. Apparemment il réservait ce mot pour marquer le sens du latin ,uter', c'est-à-dire, l'alternative. Au surplus,
la même remarque s'applique, plus ou moins absolue, à tous les
écrivains du XVII. siècle en général. C'est du siècle suivant
que date le fréquent usage de ces formes, duquel, auquel, par
lequel, à la faveur duquel etc. etc., dont le grand siècle expri-
mait ordinairement la valeur par ce simple monosyllabe ,où'.*

Noch im 17 ten Jahrhundert findet sich *lequel* als Nominativ und als Accussativ unmittelbar nach seinem Determinativ.
In diesem Jahrhundert begann der moderne Gebrauch einzu-
treten. Vaugelas verwirft die Anwendung von *lequel* als Nominativ (p. 115): *Ces pronoms au nominatif, tant singulier, que
pluriel, sont rudes pour l'ordinaire.*

Hept. III. 124.    *porta — — le Nouveau Testament, lequel elle
lisoyt incessamment.*

Marot II. 175.    *A mon las cueur, lequel s'en va mourir.*

Id. I. 251.    *Celuy lequel aguise ainsi son stile.*

Id. II. 20.    *Ou sont ces yeulz lesquelz me regardoient.*

Rab. Lettre au cardinal Du Bellay. II. 625.    *C'est Raminagrobis,
lequel en secondes
nopces esponsa la
grande Guorre.*

Mol. Dép. am. IV. 2.    *Car goûtez bien, de grace
Ce raisonnement-ci, lequel est des plus
forts.*

Id. L'Et. IV. 7.    *Jl n'a pas aperçu Jeanette, ma fillole,
Laquelle a tout oui, parole pour parole.*

Voiture I. 310. 20.    *Les gros poissons, lesquelles comme vous
sçavez, mangent les petits.*

Id. I. 53. 28.    *le reste de ses ouvrages, lesquels je relis tous
les jours.*

2. Im 15ten und 16ten Jahrhundert bezog man *lequel*
schon auf sächliche Substantiva:

Marot I. 20. *Le jour auquel elle se maria.*

Id. IV. 179. *L'agneau duquel portez la pourtraiclure.*

3. Ebenso liess man es von einer Präposition abhängen:

Marot IV. 174. *Cueur par lequel. Cueur sans lequel.*

Regn. Sat. XIII. 155. *Un trafic par lequel.*

4. Ferner stand es im Genitiv abhängig von einem Substantiv mit einer Präposition, wo es später wiederum als zu schwerfällig vermieden wurde.

Hept. II. 303. *à celluy en la main duquel gist.*

Ib. II. 346. *en la presence desquelz.*

Ib. II. 347. *de la part duquel se trouva.*

Gessner II. 2. citirt hierfür:

Rabelais. *Au dessus d'un goubelet à l'entour duquel estoit escrit en lettres etrusques.*

Montaigne. *Celui pour la deffence duquel il estoit là venu.*

5. Im 17 ten Jahrhundert ersetzte man *duquel* wohl durch *dont.*

Corn. Ment. Préface. *Je ne vous les donne point dans les même ordre que je vous ai donné le Cid et Pompée, dont en l'un vous avez vu les vers espagnols, et en l'autre les latins.*

Id. Rodog. I. 5. *Il est des nœuds secrets, il est des sympathies, Dont par le doux rapport les ames assorties S'attachent l'une à l'autre.*

Mol. Dép. am. II. 1. *L'objet de votre amour, lui, dont à la maison Votre imposture enlève un brillant héritage.*

6. *Lequel* wurde attributiv verwandt, wie es sich zuweilen auch noch heute findet. (cf. Lücking § 240. Anm.).

Marot IV. 198. *Entre lesquelz œuvres en trouveras aussi.*

7. *Lequel* findet sich im zweiten Relativsatz, welchem ein mit *qui* anfangender vorangeht.

Rab. III. 52. *Ne me paragonnez aussi, quoy que mirifique soit, celle espece d'arbre que voyez par les montaignes de Briançon et Ambrun laquelle de sa racine nous produit le bon agaric.*

Marot III. 106. *O bienheureux celuy dont les commises*
*Transgressions sont par grace remises,*
*Duquel aussi les iniques pechez*
*Devant son Dieu couverts et cachez.*

8. In den folgenden Beispielen würde die moderne
Sprache *dont* vorziehen.

Rab. II. prol. *Mais ils ne sont comparables à celuy duquel*
*parlons.*

Id. V. prol. *Les fols, le nombre desquels est infiny.*

Marot II. 127. *Rondeau duquel les lettres capitales portent le*
*nom de l'Autheur.*

Andere Beispiele cf. Gessner II. 6.

9. Im 16ten Jahrhundert hatte die lateinische Sprache
grossen Einfluss auf die Bildung der französischen, wie man
aus einigen durchaus lateinischen Constructionen ersehen kann,
welche in die französische Sprache übergingen.

a) Das *participe présent* und *participe passé* bildeten in
Verbindung mit *lequel* absolute Sätze, welche die Zeit, den
Grund etc. angaben und dem lateinischen ablativus absolutus
entsprachen.

Marot III. 181. *Lesquelz entrez dedans la maison grande*
*De leur seigneur, en brief dire leur vient.*

cf. die Beispiele bei Gessner, II. 8.

b) Dem lateinischen Relativum mit dem Gerundivum,
ad quam (urbem) condendam, entspricht im Französischen die
Verbindung des Relativs mit einem präpositionalen Infinitiv.

Rab. II. 18. *Pareil exemple avons nous de Tite Live, pour*
*lequel voir et ouir.*

Id. I. 10. *A quoy prouver.*

Marot. IV. 183. *pour laquelle chose restituer en meilleur estat.*

Id. ib. *à laquelle chose faire fort laborieuse me suis employé.*

In den letzten beiden Beispielen vertritt *laquelle chose* ein
neutrales Relativ. Andere Beispiele cf. Gessner, II. 8.

c) Wie *qui* im Lateinischen, diente *lequel* im Französischen zur Verknüpfung eines Satzes mit dem vorhergehenden. Vaugelas (p. 115) sagt darüber: *Lequel. On se sert aussi*

*de ce pronom au nominatif, quand on commence quelque narra-*
*tion considerable.*

Hept. II. 335. *Laquelle voyant ce piteux spectacle.*

Marot III. 167. *Lequel après avoir par voix et signe*
*Refrainct leur bruit, chascun d'eulx feit*
*silence.*

Ovid hat *Qui postquam voce manuque Murmura compressit,*
*tenuere silentia cuncti.*

d) In Erinnerung an den lateinischen accusativus cum
infinitivo verband man im 16ten Jahrhundert den Accusativ
des Relativs mit dem Infinitiv.

Hept. II. 291. *ce boucher lequel il soupsonnoit d'avoir tué son*
*compagnon.*

Ib. III. 115. *leur peupistre lequel on dict avoir parlé.*

Marot III. 167. *Lequel rapport desirant estre faulx,*
*Subit descens des cieulx.*

d) Dem lateinischen entsprechend *(quod cum dixisset)*
setzte man auch im Französischen in conjunctionalen Neben-
sätzen das Relativ zum Zweck der Anknüpfung vor die Conjunction. Dies geschah auch, wenn der conjunctionale Satz
durch einen Participialsatz vertreten wurde.

Mont. I. 13. *Quelques formes penibles, lesquelles pourveu qu'on*
*oublie par discretion, non par erreur, on n'en a pas*
*moins de grace.*

Lafont. Contes. L'Oraison de saint Julien. *De quoi s'étant la veuve*
*bien trouvée*
*Il fut prié de la venir*
*revoir.*

Andere Beispiele cf. Gessner, II. 9.

10. Man construirte auch das Relativum des regierenden
Satzes zum Verbum des regierten Satzes. cf. Gessner, II. 9.

Mont. I. 24. *J'en cognoy un, à qui quand je demande ce qu'il*
*sçait, il me demande un livre.*

### Die relativen Adverbien.

#### Où.

1. *Où* allgemein auf Sachen bezogen findet sich sehr oft, vorzüglich im 17ten Jahrhundert. Von da an verschwindet es mehr und mehr vor *lequel* mit einer Präposition *(dans lequel, chez lequel, auquel etc.)*. Heute findet man *où* nur selten auf Sachen bezogen. Vaugelas sagt (p. 91): *Où, adverbe pour le pronom relatif. L'usage en est elegant, et commode, par exemple, ,le mauvais estat où je vous ay laissé', est incomparablement mieux dit que ,le mauvais estat auquel je vous ay laissé'. Le pronom, ,lequel', est d'ordinaire si rude en tous ses cas, que nostre langue semble y avoir pourveu, en nous donnant de certains mots plus doux et plus courts, pour substituer en sa place, comme, ,où', en cet exemple, et ,dont', et ,quoy' en une infinité de rencontres, ainsi qu'il se voit dans les Remarques de ces mots là.*

Hierzu bemerkt Chassang (N. Gr. § 260 Hist.): *Vaugelas n'a pas cessé d'avoir raison, et il est à regretter que l'emploi de ,où', dans le sens qu'il signale, soit un peu tombé en désuétude.*

Auch *par où* für *par lequel* wurde öfter gebraucht.

Hept. III. 66.   *du danger où elle se mectoit.*

Marot IV. 50.   *Soient mes deux bras ruisseaux où eau s'espande.*

Id. IV. 197.   *celle perfection où tout ourrier tasche — de parvenir.*

Id. II. 59.   *Et le coral où elles sont encloses.*

Regn. Sat. XI. 7.   *Et tire ce bon-heur du malheur où je suis.*

Id. Sat. VII. 49.   *en ce monde où nous sommes.*

Corn. Sur. I. 1.   *Les maux où je suis condamné.*

Id. Pol. IV. 3.   *Le déplorable état où je vous abandonne.*

Pascal. Prov. X.   *à cause du grand péril de damnation où le penitent s'exposerait.*

Id. Prov. XIV.   *Une action si grande, où ils tiennent la place de Dieu.*

Mol. Sgan. XVI.   *Un cœur qui jamais n'a fait la moindre chose A mériter l'affront où ton mépris l'expose.*

Id. L'Av. I. 1. *l'engagement où j'ai pu consentir.*

Lafont. Contes. Comment l'esprit  
vient aux filles.     *il n'étoit nuls emplois*

         *Où Lise pût avoir l'ame occupée.*

Id. Fab. VII. Ded. 14. *Favorisez les jeux où mon esprit  
s'amuse.*

Racine. Iphig. III. 5. *Et voilà donc l'hymen où j'étais destinée?*

**Par où** findet sich:

Hept. II. 373. *fermer les deux portes par où on povoyt venir  
sur eulx.*

Pascal. Prov. I. *ce récit, par où vous voyez.*

Id. Prov. V. *Il lut toute cette allégorie, qu'il trouvait bien juste,  
et par où il me donnait une grande idée de  
l'exellence de cet ouvrage.*

Mol. Méd. m. lui. III. 11. *Je viens tout à l'heure de recevoir  
des lettres par où j'apprends que  
mon oncle est mort.*

   Andere Beispiele cf. Génin Lex. comp. p. 267 f. und Gode-  
froy Lex. comp. II. 91 u. 92.

**2.** *Où* ersetzt *à quoi* in folgenden Beispielen:

Pascal. Prov. XII. *Mais pensez un peu où vous vous engagez.*

Lafont. Fabl. VIII. 1¹⁰. *Rien où l'on soit moins préparé.*

**3.** *Où* bezog sich im 16ten und noch im 17ten Jahr-  
hundert auf Personen.

Hept. II. 152. *rendit joyeusement son ame à celluy où de tout  
temps elle avoit sa parfaicte confiance.*

Ib. III. 98. *reffusé celluy où leur cueur s'estoyt adonné.*

Marot II. 6. *celle où tu t'adresses.*

Id. II. 96. *L'ame de celle ou s'amour est assise.*

Id. II. 30. *Le bien ou mal de ceulx où il abonde.*

Id. II. 96. *La fille aisnée, on tant de grace abonde.*

Id. II. 5. *celle où tu escriz.*

Corn. Ment. I. 1. *Aussi que vous cherchiez de ces sages coquettes  
Où peuvent tous venants débiter leur fleurettes.*

Pasc. Prov. XII. *Voilà la doctrine de Vasquez, où vous ren-  
voyez vos lectures pour leur édification.*

Mol. L'Et. IV. 3. *Vous avez vu ce fils où mon espoir se fonde?*

4. *Où*, wenn es sich auf ein unmittelbar vorhergehendes Determinativ bezog, wurde noch durch *là* verstärkt.

Marot I. 176. *Lettres de vostre main*
*Là ou teniez propos doulx et humain.*
Id. I. 235. *desloger du lieu*
*Là ou j'estois.*
Id. I. 174. *J'eusse descript tout le logis d'Enfer,*
*Là où iront — — Les vrays trompeurs.*
Id. III. 95. *Tu as tout seul deux logis diaprez*
*Là où vivant ne pretend chose aucune.*

5. Die Redensart *là où* ist von Vaugelas verworfen (p. 45): *‚Là où‘, pour ‚au lieu que‘, n'est pas du beau langage, quoy qu'on le die communement, et qu'Amyot s'en serve tousjours. Mais M. Coeffeteau ne s'en sert jamais, ny après luy aucun de nos excellens Escrivains.*

Hept. II. 206. *là où il alloit.*
Ib. II. 211. *là où il aura du bien.*
Ib. III. 119. *là où tu es.*
Marot III. 184. *Là où tu vas.*
Id. III. 252. *Là où on oyt.*

cf. Godefroy. Lex. c. II. 95 und Chassang N. Gr. § 364 Rem. IV. Hist. Letzterer sagt: *Quand un nom employé comme complément indirect et un adverbe de lieu sont précédés de ‚c'est‘ et suivis d'un conjonctif et d'un verbe, on n'emploie pas ‚où‘, mais on le remplace par ‚que‘. On dit ‚c'est ici que je suis: c'est dans cette ville que je vais‘ (et non: ‚c'est ici où … c'est dans cette ville où‘). Cette règle n'était pas encore établie au XVIIe siècle, ni même au XVIIIe.*

Corn. Soph. V. 4. *Ce n'est pas là, madame, où je prends l'intérêt.*
Pascal. Prov. VII. *C'est ici où je veux.*
Id. Prov. IX. *car c'est là où vous verrez.*
Id. Prov. XVI. *et que ce n'est que là où on le doit adorer*

Lafont. Fabl. XII. 4⁰.  *Là, s'il est quelque lieu sans route et*
*sans chemins,*
*Un rocher, quelque mont pendant en*
*précipices,*
*C'est où ces dames vont promener leurs*
*caprices.*

Mol. Fâch. L 1.  *Et c'est dans cette allée où devroit être Orphise.*

6.  Im 17ten Jahrhundert gebrauchte man *où* auch an
Stelle von *quand, tandis que.*

Corn. Perth. III. 4.  *Il est honteux de feindre où l'on peut*
*toutes choses.*

Id. Sert. I, 2.  *Viriate, il est vrai, pourra s'en émouvoir;*
*Mais que sert la colère où manque le pouvoir.*

Andere Beispiele cf. Godefroy. Lex. II. 90 und Chassang.
N. Gr. § 304. Rom. III. Hist.

### Dont.

1.  Im 16ten und 17ten Jahrhundert hatte *dont* noch seine
ursprüngliche Bedeutung als Adverb des Ortes (cf. Chassang,
N. Gr. § 259. Hist.).

Hept. II. 348.  *la maison d'Aiguemont et de celle de Fienne dont*
*elle estoyt.*

Ib. II. 293.  *pour s'attribuer ceste gloire et non à celluy dont*
*elle venoyt.*

Rab. V. 16.  *Et n'y eut grain dont pas un ne pressurast de*
*l'huile d'or.*

Id. Lettres au cardinal Du Bellay II. p. 625.  *C'est Ramina-*
*grobis, lequel en*
*secondes nopces*
*esponsa la*
*grande Guorre,*
*dont nasquit la*
*belle Bazoche.*
*La maison dont*
*j'estois issu à*
*ma departie de*
*France.*

Lafont. Contes. Les Cordeliers de Catalogne. *Dont il avint*
*que.*

Id. ib. Le Berceau. *Dont il avint, qu'il sauta.*

2. Im Gegensatz zum modernen Gebrauch diente *dont*
als Zeitadverbium zur Anknüpfung in der Erzählung, dann in
causaler Bedeutung.

Marot I. 128. *Finalement m'endormy près de toy:*
*Dont, contemplant quelque beauté en moy, —*
*Tu descouvris.*

Id. I. 129. *Autour de moy je ne vey que les boys:*
*Dont maintefois t'appellay: ,Pierre, Pierre'.*

cf. Glauning. Synt Stud. zu Marot S. 16.

## Que.

Das relative Adverbium *que* findet sich im 16ten und
17ten Jahrhundert zuweilen an Stelle eines Relativs mit einer
Präposition. Dieser Gebrauch von *que* begann schon im
17ten Jahrhundert zu veralten, wie man aus einer Anmerkung
ersehen kann, die Ménage zu den Versen Malherbes' machte.
*,Que de la même ardeur que je brûle pour elle,*
*Elle brûle pour moi —'.*
Ménage sagt: *,Dont je brûle'* seroit mieux: *,que je brûle'*
*est pourtant françois.*

Heute wird *que* nur archaisch auf gewisse Abstracta mit
Präpositionen bezogen (cf. Lücking, Frz. Gr. § 243. 1. Darm.
Hatzf. § 162).

Du Bellay. Illustr. I. 3. *Eussent toujours esté en l'excellence*
*qu'on les a veues.*

Corn. Cinna V. 1. *De la façon enfin qu'avec toi j'ai vécu.*

Mol. L'Et. II. 4. *Las! en l'état qu'il est, comment vous con-*
*tenter?*

Lafont. Fabl. X. 1 [53]. *Voici de la façon que Descartes l'expose.*

Racine Ath. IV. 2. *Avec le même ardeur qu'elle voulut jadis*
*Perdre en vous le dernier des enfants de*
*son fils.*

1. Dem auf einen ganzen Satz bezogenen neutralen Relativ muss heute das Determinativ *ce* vorangehen. Letzteres wurde im 16ten und 17ten Jahrhundert oft fortgelassen. (cf. Nfrz. Zs. IV. 146. Darm. Hatzf. § 159. Gessner, II. 11. Chassang N. Gr. § 254. Rem. IV. Hist.)

Hept. II. 332. *n'y voulut jamais entendre; qui fut la cause dont'elle passa grande partie de son aage sans estre mariée.*

Ib. II. 350. —. *Qui me faict vous prier, mes dames, de tourner vostre mauvaise estime en compassion.*

Rab. III. 14. *Et en ce ne me faisoit mal quelconque, qui est cas admirable.*

Charron. Sagesse. I. 36. *Tous se plaignent — non seulement le simple populaire — mais encorcs, qui est plus estrange, les grands —*

Regn. Sat. IX. 215. *Selon son appetit le monde se repaist, Qui fait qu'on trouve bon seulement ce qui plaist.*

Id. Sat. X. 245. *Tout se change, qui fit qu'on changea de discours.*

Diese Construction ist nicht mehr gebräuchlich, doch findet sich ein Rest von ihr in Redensarten, wie *qui pis est, qui plus est,* und *que je crois, que je pense, que je sache, que je lui réponds, qu'il reprend,* die man heute als eine Art Archaismus anwendet (cf. Lücking, Frz. Gr. § 242. b. Anm.).

2. Ebenso wurde *ce* vor *dont* fortgelassen, das sich auf einen ganzen Satz bezog.

Rab. II. 5. *Et profitoit à vue d'oeil, dont son pere s'esjouissoit.*

Id. IV. 42. *Depuis fut mariée en bon et riche lieu, et fit plusieurs beaulx enfans, dont loué soit Dieu.*

Marot III. 146.   *Et là, la cruaulté De mort vainquit une grande beauté, Dont souspirer me feit sa destinée.*

Id. III. 147. *Je vey, helas! de terre ouvrir un gouffre Qui la fontaine et le lieu devora, Dont le mien cueur grand regret encor a.*

Corn. Horace V. 3.  *J'aime trop l'honneur, sire, et ne suis pas*
*de rang*
*A souffrir ni d'affront ni de crime en mon*
*sang.*
*C'est dont je ne veux point de témoin que*
*Valère.*

Id. D. Sanche. I. 3.  *Voilà dont le feu roi me promit recom-*
*pense.*

Lafont. Contes. Le Savetier.  *Ainsi fut dit, ainsi s'exécuta;*
*Dont le mari puis après se vanta.*

Id. ib. Le mari confesseur.  *Son mari donc l'interrompit là-*
*dessus,*
*Dont bien lui prit.*

3. Wenn das Relativum sich auf einen Satz bezog, gebrauchte man auch *lequel* oder *quoi*. Nach Gessner (II. 13)
findet sich *quoi* noch heute im Gerichtsstil.

Rab. I. 16.  *Tout le pays fut reduict en campagne; quoy voyant*
*Gargantua, y prist plaisir bien grand.*

**B. Substantivisches Pronomen.**

1. Im Altfranzösischen wurde auch der Plural des Rela-
tivpronomens zu Personalbezeichnung gebraucht.

Marot IV. 17.  *Combien des vostres voit on plus*
*A qui le jeu des detz ou flus*
*Le long veiller, les beuveries*
*Ont engendré des resveries*
*Et de fureur.*

Id. III. 160.  *Des Dieux par qui toute chose est regie.*

Id. I. 10.  *Où je trouvay gens de divers regard*
*A qui je dy.*

Regn. Sat. VI. 50.  *Que les femmes des temps soient à qui plus*
*leur donnent.*

2. Im 16ten und 17ten Jahrhundert wurde *qui* in Be-
dingungssätzen gebraucht in der Bedeutung *si quelqu'un*, oder
*si l'on*, auch wenn der Hauptsatz sein besonderes Subject

hatte (cf. Chassang, N. Gr. § 254. Rem. VII. Hist. Gessner
II. 14. Darm. Hatzf. § 164).

Hept. II. 219.   *Il est vray qui ne prandra garde sur ces
meschans garsons, vous n'auriez chien qui ne
fus galleux.*

Marot I. 143.   *De Monseigneur, qui escrire en vouldroit,
Plus clair esprit que le mien, y fauldroit.*

Id. I. 165.   *Qui ne vous veoit, de bien loing on vous sent.*

Id. II. 177.   *Tout vient à poinct qui peult attendre.*

Id. II. 28.   *Qui ces deux poincts de la guerre osteroit,
A y servir nul ne se bouteroit.*

Rab. II. 29.   *Par Dieu! Ils se feront mal, qui ne les des-
partira.*

Id. IV. 48.   *Tout vient à poinct qui peult attendre.*

Corn. La Vouvo. IV. 5.   *Qui lui pourroit un peu tirer les
vers du nez,
Que nous verrions demain des gens
bieu étonnés !*

Mol. Le Mis. III. 1.   *Que nous tombions d'accord d'une chose
tous deux ?*

*Que, qui pourra montrer une marque
certaine
D'avoir meilleur part au cœur de Celimène,
L'autre ici fera place au vainqueur pré-
tendu.*

Andere Beispiele cf. Godefroy Lex. comp. II. 232.

3. *Dont* und *de quoy* finden sich im 16ten Jahrhundert
sehr oft in der Bedeutung von *que* oder *de ce que.*

Hept. II. 131.   *Je suis très aise dont vous avez commencé le
propos.*

Ib. III. 97.   *Je ne trouve poinct estrange, dist Parlamente, de
quoy la parolle ensuict le faict.*

Ib. III. 102.   *Je suis bien aise dont vous y avez failly.*

Marot III. 234.   *Ce temps pendant Chiron s'esjouissoit
Dont d'un tel Dieu l'enfant il nourrissoit.*

Id. II. 256.   *est marry dont le vueil de Dieu est faict.*

Id. III. 199.   *j'ay honte pourtant
Dont tel opprobre on m'a peu impuler.*

Id. I. 257.      *aucuns ayans envie*
         *De quoy Vertu perpetuoit sa vie.*

Id. III. 219.   *L'autre se plainct de quoy ses bras tant beaulx*
         *A veue d'œil deviennent longs rameaux.*

Mont. I. 23.   *se pleignant dequoy il ne le luy avoit osé*
         *demander.*

Id. I. 41.   *Surtont Hieron faict cas, de quoy il se voit privé de*
         *toute amitié et société mutuelle.*

Bemerkenswerth sind die beiden folgenden Beispiele, weil
der durch den Genitiv *dequoy* eingeleitete Satz einem Nominativ oder Accusativ entspricht.

Mont. I. 39.   *Antisthenes print pour argument de peu de valeur*
         *en Jsmenias, de quoy on le vantoit d'estre excellent*
         *joueur de flustes.*

Id. III. 8. p. 731.   *rien ne me despite tant en la sottise, que,*
         *dequoy elle se plaict plus qu'aucune raison*
         *ne se peust raisonnablement plaire.*

### Pronomen interrogativum.

Die Formen sind dieselben, wie die des Relativ-
pronomens.

### A. Adjectivum interrogativum.

1. Im 16ten Jahrhundert war der Unterschied zwischen
dem adjectivum interrogativum und dem pronomen interrogativum *lequel* noch nicht ganz festgestellt, *lequel* wurde noch
zuweilen als adjectivum interrogativum gebraucht.

Rab. I. 13.   *Voire mais, dist Grandgousier, lequel torchecul*
         *trouvas tu meilleur?*

Gessner (II. 16) citirt noch:

Rabelais.   *Il ne savoit asquelos gens courre promidromont on*
         *deça ne dela.*

Heptam.   *Je vous prie, dictes lequel tour vous trouvez le plus*
         *difficile des deux.*

2. *Qui* wurde prädicativ gebraucht an Stelle von *quel*.
Wir finden bei Gessner (II. 16) das Beispiel:

Heptam.  *Il fault sçavoir qui sont les deux autres (vices).*
und Darmest. Hatzf. führt an:
Calvin Inst. 832.  *Qui est l'homme duquel si la femme s'aban-*
*donne à la paillardise, il la veuile après*
*recevoir.*
Des Periers. Cymbal. III.  *Qui est ceste belle jeune fille?*

### B. Pronomen interrogativum.

1. Ungefähr seit dem 13ten Jahrhundert gebrauchte man
bei der directen Frage *qui* in Bezug auf Sachen. Auch das
16to und 17te Jahrhundert bieten uns hierfür Beispiele.

Marot II. 21.  *Mais qui a meu du monde la plus belle*
*A me laisser? Est ce amytié nouvelle?*
Id. I. 243.  *qui t'a meu à dire Mal de mon Maistre.*
Calvin. I. 7. 3.  *qui penses-tu que nous devions juger ou faire?*
Rab. L 30.  *Qui a il de nouveau.*
Id. I. 5.  *Qui fut premier, soif ou beuverie?*
Mont. II. 27.  *Qui rend les Tyrans si sanguinaires?*
*C'est le soin de leur seureté.*
Corn. Ment. II. 3.  *Alcippe, qu'avez-vous? qui vous fuit sou-*
*pirer?*

2. Was die indirecte Frage anbetrifft, so ist der Frage-
satz seit der zweiten Hälfte des 17ten Jahrhunderts Relativsatz geworden. Im 16ten und 17ten Jahrhundert wurde *ce*
oft fortgelassen. Vaugelas hat die Unterdrückung dieses *ce* in
der Wendung *ce que c'est* getadelt (cf. auch Chassang, N. Gr.
§ 254. Rem. X. Hist.). Jedoch entspricht der Gebrauch dieser
beiden Jahrhunderte vollständig der lateinischen Construction
(*nescio quid dicas*). Ebenso wurde *qui* für *ce qui* und für
*ce que* gesetzt.

a) *Que* steht statt *ce que*.
Hept. II. 265.  *sçachez que c'est qu'il veult.*
Ib. III. 51.  *et en demandant que j'avois, je luy dictz.*
Marot III. 8.  *Adonq je suis vers Apollo venu*
*Luy demander qu'adviendroit de mon songe.*

Id. III. 204. *tu ne sçais que tu vas affectant.*

Id. III. 240. *Sçais tu que c'est?*

Id. IV. 43. *Dictes moy que c'est que s'en fault?*

Rab. III. 12. *Et savez que luy feray?*

Mont. III. 13. p. 833. *Socrates demanda à Memnon, que c'estoit que vertu.*

Id. I. 18. *S'estant enquis que c'estoit a dire.*

Regn. Sat. X. 432. *On demande que c'est.*

Id. Sat. XI. 1. *Voyez que c'est du monde et des choses humaines.*

Corn. Sert. IV. 2.        *Je sais vous obéir,*
       *Mais je ne sais que c'est d'aimer ni de haïr.*

Id. Hor. IV. 2. *Le roi ne sait que c'est d'honorer à demi.*

Mol. L'Etourd. IV. 8. *Voilà, voilà que c'est de ne pas voir Jeannette.*

Lafont. Contes. La Jument du compere Pierre.     *les enfants d'aujourd'hui*

       *Savent que c'est, besoin n'ai de le dire.*

Id. ib. *Voyez que c'est d'avoir étudié.*

(cf. Gessner, II. 18. Littré. Dict. u. d. W. *que.* Godefroy Lex. comp. II. 223. 224).

     b) *Qui* an Stelle von *ce qui.*

Marot IV. 9. *Je ne m'enquiers point*
     *Qui vous delecte ou qui vous point*
     *Mais de ce qui doibt delecter.*

Id. IV. 24. *J'ay qui au cueur se faict sentir :*
     *Mais le dire n'est pas bien seur.*

Mont. III. 5. p. 662. *Socrates, enquis, qui estoit plus commode, pendre ou ne prendre point de femme ...*

Regn. Sat. I. 132. *Si bien que je ne sçay qui me rend plus coulpable.*

Corn. Nicom. I. 3. *Et nous verrons ainsi qui fait mieux un brave homme,*
     *Des leçon d'Annibal, ou de celles de Rome.*

c) *Qui* für *ce que*, in einer dubitativen Frage.

Corn. L'Illus. com. V. 3.
      *M'aimer malgré mon crime et vou-*
           *loir par ta mor*
      *Eviter le hasard de quelque indigne*
           *effort!*
      *Je ne sais qui je dois admirer*
           *davantage,*
      *Ou de ce grand amour, ou de ce*
           *grand courage.*

3. *Qui — qui* wurde distributiv verwandt im Sinne eines unbestimmten Pronomens (Diez Gr. III. 82). Vaugelas (p. 51) tadelt diesen Gebrauch: *‚Qui‘, repeté plusieurs fois, pour dire les uns, les autres. C'est une façon de parler, qui est fort en usage, mais non pas parmy les excellens Escrivains. Les bons Autheurs expriment qui — qui, de cette façon: les uns les autres'.* Ebenso tadelt Th. Corneille diesen Gebrauch (Rem. 59), aber die Academie (1704) vertheidigt ihn. Er findet sich noch heute als fast veralteter Ausdruck (cf. Lücking, Frz. Gr. § 201 [1]).

Ebenso wird *que — que* gesetzt und entspricht dem deutschen theils — theils, sowohl — als auch.

Regnier. Le Festin.
      *Qui lance un pain, un plat, une assiette,*
           *un couteau;*
      *Qui pour une rondache empoigne un*
           *escabeau.*

Mol. Méd. m. lui. III. 9.
      *Ils n'ont pas manqué de dire que*
      *cela procédait qui du cerveau, qui*
      *des entrailles, qui de la rate, qui du*
      *foie.*

Lafont. Contes. Le Cas de Conscience.
      *Leur payoient un tribut, qui plus, qui moins.*

Ferner:

Rab. III. 1.
      *Sept enfans pour le moins, que masles que femeles naisoient par chascun mariage.*

4. Im 16ten und 17ten Jahrhundert findet sich *quoy* in indirecter und directer Rede als Subject und Object mit dem Verbum verbunden.

Rab. I. 9. *Bien ay je espoir de monstrer, quelles et quantes couleurs sont en nature, et quoy par une chascune peut estre destiné.*

Id. ib. *Je ne sçay quoy premier en luy je doibve admirer, ou son oultrecuidance, ou sa besterie.*

Des Periers I. 291. *Mais je ne say quoy*
*Me tient encore un peu en doute.*

Lafont. Contes. Les Cordeliers de Catalogne. *Quoy payer?*

Id. ib. Mazet de Lamporechio. *L'autre reprit: Là dedans et quoy faire?*

5. *Quel* steht, wo wir *lequel* erwarten würden, z. B.:

Rab. I. 13. *Un moyen le plus expedient que jamais fut veu.*
*Quel? dist Grandgousier?*

Id. ib. *Retournons à nostre propos. Quel? dist Gargantua.*

6. *Quel* und *lequel* finden sich auch in neutralem Sinne, wie auch wohl heute noch (cf. Lücking Frz. Gr. § 252. Anm. und Gessner II. 21).

Marot III. 19. *Plaise au roy ne refuser point,*
*Ou donner lequel qu'il voudra.*

Id. I. 29. *Par mariage, ou autrement?*
*Lequel veux-tu?*

Lafont. Contes. L'Oraison de saint Julien. *Je transissois, je brûle maintenant.*
*Lequel vaut mieux?*

Id. ib. L'Abbesse malade. *L'exemple sert, l'exemple nuit aussi.*
*Lequel des deux doit l'emporter ici?*

7. *Dont* hat den Sinn von *d'où* = *de unde.*

Hept. II. 267. *luy demanda dont il venoyt.*

Ib. II. 420. *La dame qui sçavoit d'ond procedoit son mal.*

Marot III. 83. *Dont vient cela?*

Id. IV. 175. *Dont peult venir la doulceur qui vous poinct?*

Id. III. 249. *Mais dont advint que —?*

### Pronomen indefinitum.

### Aucun.

1. Im 15ten Jahrhundert beginnt *aucun* als Substantiv und als Adjectiv mit der Negation *ne* negativen Sinn anzunehmen. Doch findet es sich im positiven Sinne noch im 16ten und 17ten Jahrhundert.

a) adjectivisch:

Hept. II. 167. *aucuns crimes.*

Marot II. 33. *Ce fut (pour vray) le doulx trait de tes yeulx Et de ta bouche aucuns motz gracieux.*

Id. IV. 187. *Salomon ce voyant fit apporter aucunes mouches à miel.*

Id. I. 133. *En attendant de toy aucun rapport.*

Mont. III. 1. p. 620. *aucunes actions naturelles.*

Lafont. Fabl. XII. 19³. *Signe en effet d'aucuns maris.*

b) substantivisch;

Calvin. Ps. Preface. *Soustenu et appuyé du credit d'aucuns des principaux.*

Hept. II. 312. *car il y en a aucuns desquelz...*

Ib. II. 346. *aucuns d'entre nous.*

Marot II. 81. *Aucuns ont dict.*

Id. IV. 51. *Que si aucun m'en avoit autant faict.*

Id. IV. 197. *Voyant ... aucuns des autres opuscules estre appelez Suyte.*

Rabelais III. prol. *Aucuns se mocquerent.*

Id. II. 2. *mais les aucunes d'entre elles disoient.*

Mont. I. 11. p. 28. *aucunes de nos ames principesques.*

Lafont. Fabl. VI. 1¹¹. *Phèdre était si succinct qu'aucuns l'en ont blâmé.*

Id. La Vie d'Ésope 53. 9. *aucuns disent que c'éstoient des prêtres de Diane.*

2. Zuweilen findet sich auch *aucun* mit dem partitiven *de*, *d'aucuns*, *d'aucunes* steht dann in der Bedeutung von

*de certaines personnes, quelques-uns.* Doch ist diese Wendung nicht mehr gebräuchlich.

Calvin 4. 1. 22. *Car il y en a d'aucuns si infirmes.*

Molière. Mal. im. II. 7. *Il y en a d'aucunes qui prennent des maris seulement pour se tirer de la contrainte de leurs parents.*

Heute findet sich der Gebrauch von *aucun* in positivem Sinne nur noch in der Sprache des niedern Volkes, in der Schriftsprache nur im naiven Stil.

3. a) Wie *aucun* wurde auch das Adverb *aucunement* in positiven Sätzen gebraucht im Sinne von *en quelque sorte.* Im Anfange des 17 ten Jahrhunderts ist dieser Gebrauch noch ziemlich häufig. Corneille hat ihn oft in Versen und in Prosa, in Tragödien und Comödien (cf. Godefroy: Lex. c. de l. l. de C. unter dem Wort *aucunement*). Gegen Ende des Jahrhunderts verschwindet der Gebrauch, obwohl Furetière (690) über *aucunement* schreibt: *Il se dit aussi à l'affirmative, pour dire, en quelque façon.* Bei Racine und Boileau findet sich *aucunement* nicht mehr positiv. Littré schreibt: *Jusqu'à un certain point avec une phrase affirmative. Cet emploi a vieilli, ou bien il est terme de palais.* Voltaire bemerkte zu den Versen Corneille's Rodog. III. 4 (s. u.) *,Aucunement est un terme de loi qui ne doit jamais entrer dans un vers'.* Die Academie bestätigte sein Urtheil und stellte fest, *aucunement* fände sich ohne Negation *en style de chancellerie et de jurisprudence* in der Bedeutung von *en quelque sorte, par certaines considérations.*

Marot II. 18. *Je ne sçaurois croire qu'aucunement*
         *Je peusse attaindre à un si hault degré.*

Mont. I. 9. *Je me console aucunement.*

Id. I. 16. p. 35. *qualité aucunement estrangere.*

Calvin 4. 1. 3. *Combien que l'article du Symbole s'estende aussi aucunement à l'Eglise externe.*

Corneille Rodog. III. 4. *L'heureux moment approche où votre destinée*
       *Semble être aucunement à la notre en-chaînée.*

Id. Le Ment. II. 5.     *alors Orphise,*
    *De sa frayeur première aucunement remise,*
    *Sait prendre un temps si juste.*
Lafont. Fabl. IX. 1 ²⁵.   *On pourroit aucunement*
    *Souffrir ce défaut aux hommes.*
Weitere Beispiele bei Littré und Godefroy I. 71.

b) Ebenso wurde auch *aucune(s)fois* noch im 16ten Jahrhundert in positivem Sinne gebraucht, wo die moderne Sprache *quelquefois* anwendet.
Marot I. 37.   *Aucunefois au feu je la boutoye.*
Id. II. 262.   *Aucunesfois Loyse s'advisoit.*
Calvin 3. 1. 3.   *Il est aucunesfois marqué de ce nom.*
Rab. Pant. II. 5.   *Voyant que les escholiers estoyent aulcunes foys de loisir et ne sçavoient à quoy passer temps.*

4. *Aucun (nul)* im negativen Satze, im Sinne von *pas un*, wird heute nur selten angewandt, so bei pluralia tantum und bei Substantiven, die in einer bestimmten Bedeutung nur im Plural vorkommen (cf. Lücking, Frz. Gr. § 394 Anm. und Chassang N. Gr. § 208. 11. bis Rem.). Im 16ten und 17ten Jahrhundert stand *aucun (nul)* häufig mit einem Substantiv im Plural, selbst wenn dieses einen Singular hatte und seine Bedeutung im Plural nicht änderte.

*Aucun.*

Marot I. 62.   *Aucuns propos.*
Desc. Meth. II. 1.   *N'ayant aucuns soins.*
Pascal. Pens. part. II. art. 4.   *Aucuns tourments n'ont pu.*
Lafont. Fabl. VII. 2 ⁷.   *J'ai vu beaucoup d'hymens; aucuns d'eux ne me tentent.*
Corn. Pomp. V. 5.   *Aucuns ordres ni soins n'ont pu le secourir.*
Id. Trad. du Ps. CL.   *N'épargnez hautbois ni trompettes,*
    *Pour lui faire à l'envi des concerts plus charmants:*
    *Employez-y clairons, harpes, luths, épinettes,*
    *N'oubliez aucuns instruments.*
Godefroy (Lex. I. 70. s. dort mehr Beispiele) bemerkt hierzu Folgendes: *Le singulier serait aujourd'hui de rigueur; le pluriel*

*employé par Corneille ne viendrait même pas à la pensée. On le rencontre quelquefois au dix-septième siècle en prose et en vers, et l'on en trouve encore de rares exemples au dix-huitième siècle.*

Racine Phèdre I. 1.    *Qu'aucuns monstres par moi domptes jus-
                         qu'aujourd'hui
                         Ne m'ont acquis le droit de faillir comme lui.*

*Nul.*

Marot III. 205.   *par nulz travaulx.*
Id. II. 15.   *sans nulz plaisirs quelzconques.*
Corn. Sur. II. 3.   *Nulles gens. Nuls frais. Nulles raisons
                      d'État ne m'en ont fait de lois.*
La Bruy. I. 203.   *nulles occasions.*
Id. II. 28.   *Il n'y a nuls vices extérieurs et nuls défauts du
               corps qui ne soient aperçus par les enfants.*
Lafont. Fabl. VII. 8 ³¹.   *— n'épargnoient nuls moyens.*
Id. Fabl. 2 ³⁶.   *Il n'a sans mes bienfaits passé nulles journées.*

5.   *Aucun* kommt auch mit dem bestimmten Artikel vor, sowohl substantivisch als adjectivisch. (Gessner II. 25.)
Rab. II, 2.   *mais les aucunes d'entre elles disoient.*
Lafont. L'Oraison de saint Julien.   *Dont les aucuns ont de très-
                                        bons effets.*

6.   *Aucun* steht distributiv.
   a) *aucuns — aucuns.*
Jodelle. L'Eugene, Prologue.   *Aucuns de face sourcilleuse
                                 Ne cherchent point que chose serieuse:
                                 Aucuns aussi de fureur plus amis
                                 Aiment mieux voir Polydore a mort
                                                                mis.*
Lafont. Fabl. VI, 6 ⁸.   *Plusieurs avoient la tête trop menue,
                           Aucuns trop grosse, aucuns même cornue.*

   b) *(les) aucuns — (les) autres.*
Calvin 4. 1. 28.   *le Seigneur en la Loy a ordonné aucuns
                     sacrifices pour effacer les pechez volontaires
                     de son peuple, les autres pour purger les
                     ignorances.*

584

**Id. 4. 1. 7.** *les uns ambitieux, les autres mesdisans, aucuns de*
*vie dissolue.*

**Rab. Pant. II. 2.** *Les aulcuns dysoient que ..., les aultres.*

**Marot III. 169.** *Alors de bouche aucuns des Dieux approuvent*
*L'arrest donné par Juppiter, et mouvent*
*Plus son courroux; les autres rien ne dirent.*

**Id. IV. 191.** *dont les aucuns me ont esté aisez, et les autres*
*tres difficilles.*

**Mont. I. 25.** *à d'aucuns c'est un pur estude grammairien: à*
*d'autres, l'anatomie de la Philosophie.*

c) *aucunefois — aucunefois.*

**Marot I. 40.** *Aucunefoys aux montaignes alloye,*
*Aucunefoys aux fosses devalloye.*

**Id. III. 211.** *Aucunesfoys vers l'occident se tourne,*
*Aucunesfoys son œil jette et sejourne*
*Sur l'orient.*

**Id. III. 222.** *Aucunesfoys un dard elle tenoit,*
*Aucunesfoys un arc elle prenoit.*

### Autre.

1. Im ältern Französisch findet sich *autre* zuweilen in
pleonastischer Verwendung. Diez (III. 75) sagt: Wenn ein
Substantiv in Beziehung auf ein vorhergehendes mit *alter* bezeichnet ist, so müssen sich beide verhalten, wie der engere
und weitere Begriff, z. B. Gold und anderes Metall, Hass und
andere Leidenschaften. Zuweilen geschieht es jedoch, dass das
zweite Substantiv einen ebenso speciellen Begriff ausdrückt, wie
das erste (cf. griechisch τῶν πολιτῶν καὶ τῶν ἄλλων ξένων).
Gessner II. 23 citirt für diesen Gebrauch folgendes Beispiel:
**Heptam.** *creut sa mensonge plus que une autre verité.*

**Ib. II. 293.** *ung merveilleux orgueil qui est le vice que chacun*
*doibt le plus craindre, car il s'engendre de la mort*
*et ruyne de toutes les aultres vertuz.*

2. Die Verbindung von *autre* mit der ersten und zweiten
Person plur. des Personalpronomens zur schärfern Hervor-
hebung gilt heute nur noch als familiär. Plattner (Franz.
Schulgr. § 349 Zusatz) sagt, *Eux autres* ist vulgär, *vous autres*

ohne appositives Substantiv ist geringschätzend. In unsern Jahrhunderten findet sich diese Ausdrucksweise unbedenklich auch im ernsten Stil.

Marot II. 262. *Pleurons la mere à nous autres aussi.*

Rab. III. 28. *Vous autres, cerveaulx enfrocqués, n'y savez vous remede aucun.*

Mont. III. 2. p. 629. *Nous autres principalement, qui vivons ...*

Regn. Sat. IX. 113. *Afin, ce disoit-il, que nous puissions, nous autres.*

Corn. Poly. V. 6. *Nous autres bénissons notre heureuse aventure.*

Id. Héracl. IV. 5. *Vous autres, suivez-moi.*

Mol. L'Et. IV. 9. *Il s'est fait un grand vol; par qui? L'on n'en sait rien: Eux autres rarement passent pour gens de bien.*

3. Im Altfranzösischen konnte *autre* den unbestimmten Artikel entbehren, wo er heute unerlässlich ist. Wir finden diese Unterdrückung des Artikels noch bei Regnier (cf. tel Nro. 4).

Hept. II. 129. *que luy ou autre vous eust despleu.*

Ib. II. 142. *à mener une vie plus religieuse que autre.*

Marot II. 175. *Autre que vous ne peult donner secours A mon las cœur, lequel s'en va mourir.*

Id. II. 89. *Autres on voit de ceux cy separez.*

Id. I. 76. *O charité, ô bonté indicible, Te comparer à autre est impossible.*

Id. IV. 23. *Paroist il que j'aye Autre visage que le mien Accoustumé?*

Rab. II. 23. *Les autres mettent autres raisons.*

Mont. III. 13. p. 855. *La presse des plats et des services me desplaist, autant qu'autre presse.*

Regnier. Sat. III. 74. *Conduire en autre mer mon navire, qui flotte Entre l'espoir du bien et la peur du danger —*

Id. ib. 163. *Peut autant qu'autre prince.*

(cf. Nordström, Regnier p. 15. 16).

## Autrui.

1. Im Gegensatz zum modernen Gebrauch (cf. Chassang N. Gr. § 266) findet sich *autrui* im Altfranzösischen auch als Subject. Rabelais wendet es noch so an.

Rab. III. 9. *Ce qu'à autruy tu auras fait, sois certain qu'autruy te fera.*

2. Die Präpositionen *de* und *à* vor *autrui* konnten im Altfranzösischen fehlen. Noch bei Marot finden sich einige Beispiele für fehlendes *de*.

Marot I. 154.   *Ou si tu prens saveur*
       *A me trister dessoubz autruy faveur.*

Id. IV. 110.  *Car luy seul, sans autruy puissance,*
       *Forma leurs cueurs telz qu'ilz les ont.*

3. Die Form *l'autrui* hat im Altfranzösischen einen bestimmten Sinn angenommen und bezeichnet *le bien d'autrui*. *L'autrui* kam in diesem Sinne bis gegen Ende des 16ten Jahrhunderts vor, doch findet es sich vereinzelt noch im 17ten Jahrhundert. So bedient sich Malherbe dieser Form noch zweimal. In der Mitte des 17ten Jahrhunderts war sie schon veraltet, Vaugelas sagt (p. 511): „*Je sçay bien que quelques Grammairiens disen qu',autruy', se met quelquefois avec l'article definy, et qu'alors il veut dire ,le bien', et non pas ,la personne', par exemple, ,je ne veux rien de l'autruy', pour dire ,du bien d'autruy', mais cette façon de parler est du vieux temps, d'où M. de Malherbe l'a ramenée, disant*

       *A qui rien de l'autruy ne plaist* (s. u.).

*Aujourd'huy elle n'est plus en usage, que dans la lie du peuple, pourquoy ne dirons nous pas ,je ne veux rien d'autruy'?* Nach Littré (Dict.) steht *l'autrui* noch heute in Ausdrücken des alten Kanzleistils im Sinne von *le droit d'autrui, le bien d'autrui.* Nach Sachs (Dict. u. d. W. *autrui*) ist *l'autrui* ein veralteter und wenig gebrauchter Ausdruck, der dem deutschen „das Recht, die Rechte dritter Personen" entspricht.

Marot I. 82. *Perdre son bien pour l'autruy augmenter.*

Amyot. Numa 6. *La violence et la convoitise d'usurper à force l'autrui estoient lors louées entre les barbares.*

Regn. Sat. XII. 111. *Qui sans prendre l'autruy, virent en bon chrestien.*

Malherbe IV. 5. *Le monstre infâme d'envie*
*A qui rien de l'autrui ne plaist.*

## Beaucoup.

1. Seit dem 16ten Jahrhundert beginnt *beaucoup* an die Stelle von dem bis dahin gebräuchlichen *moult* zu treten. Marot II. 17. *D'autant qu'il est beaucoup plus vostre qu'il n'est mien.* Id. III. 245. *Mais quoy qu'il eust de la doulceur beaucoup.*

2. Im 16ten und 17ten Jahrhundert stand *beaucoup* steigernd vor einem Adjectiv oder einem participe passé, während man es heute so nur zu Verben setzt. Gessner (II. 29) führt folgendes Beispiel aus Marot an:
*Seroient beaucoup vertueux,*
nämlich *beaucoup plus que nous.*

Mol. Pourc. III. 9. *Je vous suis beaucoup obligé.*
Id. Femm. sav. IV. 3. *Leur savoir à la France est beaucoup nécessaire!*
Racine VII. 85. Lettres. *Le caractère en paroît beaucoup négligé.*

Es ist hier noch zu bemerken, dass Vaugelas den Gebrauch von *beaucoup* ohne partitives *de* im Sinne eines unbestimmten Pronomens tadelt. Er sagt (p. 485): *Ce mot estant employé pour „plusieurs‘, ne doit pas estre mis tout seul. Il y faut ajouster „personnes‘, ou „gens‘, ou quelque substantif, comme „il donnoit peu a beaucoup‘, n'est pas bien dit, il faut dire „à beaucoup de personnes‘, ou „à beaucoup de gens‘.* Indessen hat sich dieser Gebrauch bis heute erhalten (cf. Lücking, Fr. Gr. § 387. Anm. 3).

## Moult.

*Moult* findet sich noch vereinzelt im 16ten Jahrhundert. So gebraucht Marot: *moult de lunes* und
III. 164. *La terre fut mouillée en façon telle,*
*De moult de sang des Géants enfans d'elle.*

### Chacun. Chaque.

1. *Chacun* wurde im 16ten und vereinzelt noch im 17ten Jahrhundert auch adjectivisch angewandt.

Calvin 4. 1. 9.  *les Eglises qui sont distribuees par chacune ville et village.*

Marot III. 206.  *De chasque roue, et l'ordre bel et gent De chascun ray fut estoffé d'argent.*

Id. I. 98.  *O puissant Pan, que chacun bergier tient Pour son grand dieu, ...*

Id. I. 89.  *chascune creature.*

Rab. III. 1.  *naisoient par chascun mariage.*

Id. ib.  *Au brut de chascun neufviesme mois.*

Mont. II. 12. p. 349.  *ayant à chacune cuisse un cymbale pendu.*

Id. III. 13. p. 837.  *en chacune science.*

Regnier Sat. XI. 282.  *A chacune esguilette.*

Id. Sat. XII. 86.  *Mettant l'œil sur chacune personne.*

Lafont. Fabl. II. 20[21].  *: car comment comprendre Qu'aussitôt que chacune sœur Ne possédera plus sa part héréditaire.*

Calvin bildet sogar den Plural des adjectivischen *chacun.* 4. 20. 16: *Car les loix que chacuns superieurs ont en leurs pays.*

Gegen Ende des 16ten Jahrhunderts wird adjectivisches *chacun* seltener, Regnier gebraucht es nur in den beiden oben angeführten Fällen. Malherbe tadelt mehrere Male diesen Gebrauch bei Des Portes (cf. Oeuvres de Malherbe IV, 431). Als Archaismus kommt es freilich noch im 17ten Jahrhundert vor, so bei Lafontaine. Gegen Ende des 16ten Jahrhunderts wird das adjectivische *chacun* ersetzt durch *chaque.* Dieses Wort findet sich noch nicht bei Rabelais, der *chacun* für beide Beziehungen anwendet. Bei Montaigne und Regnier ist *chaque* schon vorherrschend, und am Ende des 16ten Jahrhunderts vollzieht sich die Scheidung.

2. Im 16ten und 17ten Jahrhundert findet sich *chacun* substantivisch und adjectivisch mit dem unbestimmten Artikel

verbunden. Heute ist *un chacun* als eine Art von Pleonasmus
aus der Sprache verbannt.

a) *chacun* substantivisch:

Heptam. III. 81. *Ceste opinion fut trouvée d'un chacun tres
bonne.*

Ebenso: II. 208. 220. III. 59.

Ib. III. 126. *exhorter ung chacun à l'amour.*

Calvin. 4. 1. 9. *une chacune a le titre et authorité d'Eglise.*

Marot I. 285. *Pour d'un chascun prendre benivolence.*

Regnier. Sat· XV. 134. *Qu'un chacun doucement s'excuse à la
pareille.*

Id. ib. 146. *Ainsi, sans rien laisser, un chacun a son vice.*

Mont. III. 5. p. 676. *à la veüe d'un chacun.*

Corn. La Place Roy. I. 1. *Pour moi, j'aime un chacun, et sans
rien négliger,
Le premier qui m'en conte a de quoy
m'engager.*

Mol. Tartufe. I. 1. *Hautement d'un chacun elles blâment la vie.*

Id. D. Juan IV. 6. *D. Louis. Leur gloire est un flambeau qui
éclaire, aux yeux d'un chacun, la honte de
vos actions.*

Id. ib. V. 7. *Voilà par sa mort un chacun satisfait.*

Racine. Poés. div. append. IV. 244. *Un chacun bâille, et s'en-
dort ou s'en va.*

b) *chacun* adjectivisch.

Marot III. 243. *une chascune chose.*

Calvin 4. 1. 12. *à un chacun membre de l'Eglise est donnée
la charge d'édifier les autres.*

(cf. die Beispiele bei Littré, Dict.)

3. *Un chacun* verbunden mit *de.*

Marot III. 177. *Un chascun d'eulx s'encline contre terre.*

Rab. II. 31. *Un chascun de vous.*

Regn. Sat. II. 176. *Un chacun d'eux pense estre une lumiere
en France.*

Pasc. Pens. II. 42. *et cela est vray d'un chacun de tous les
hommes.*

4. Im 16ten Jahrhundert verstärkte man *chacun* auch durch *tout*, doch bezeichnet Duvivier (Gr. d. Gr. I. 442) *tout chacun* als noch mehr veraltet als *un chacun* (cf. Haase, Garnier p. 27).
Calv. Instit. 364. *Cela ne s'estend pas à tout chacun.*
Des Per. II. 120. *saluées de tout chacun.*
Regn. Elégie zélotypique. 183. *Ce que fait un tout seul, tout un chacun le sçache.*

5. Correlativer Gebrauch von *chacun* findet sich:
Marot I. 66.  *Chacune terre a chacune cité*
                    *Apportera toute commodité.*
Mol. L'Etourdi V. 16.  *A voir chacun se joindre à sa chacune*
                                                                     *ici,*
                    *J'ai des démangeaisons de mariage aussi.*
Lafont. Contes. Le Cas de Conscience.  *chacun à sa chacune*
                    *But en faisant de l'œil.*

6. Von *chascun* bildete man sogar *chascunière*.
Des Periers II. 63.  *ils s'en revont par le monde, chascun en sa chascunière.*

7. In der ältern Gruppe nahmen einige pronomina indefinita, wenn sie im masculinum und femininum zugleich neben einander standen, die Bedeutung von „alle" an.
Marot IV. 130.  *Aussi un chascun et chascune,*
                    *O Roy t'honorera.*
(cf. *tout, maint, nul*).

8. Endlich trifft man das Masculinum von *chacun*, wenn ganz unbestimmt von Menschen gesprochen wird, in der Bedeutung von *toute personne, qui que ce soit, tout le monde, on.* (*Chacun en parle = on en parle*).
Corn. Hor. III. 4.  *Chacun voit ceux (les maux) d'autrui d'un autre œil que les siens.*
(cf. Littré, Dict. u. d. W. *chacun*).

## Combien. Quant.

1. Das Pronomen *quant* findet man in der heutigen Sprache nur noch in einigen etwas veralteten Ausdrücken, wie *toutes*

*fois et quantes, toutes et quantes fois* (cf. Sachs u. d. W. *fois*
und *quant*, und Darm. Hatzf. § 178). Es hat sich als Adjectiv
und als Substantiv bis zur Mitte des 16ten Jahrhunderts erhalten. Die erste Hälfte des 16ten Jahrhunderts bietet uns
zahlreiche Beispiele.

a) *Quant* ist Adjectiv:

Marot I. 246. *O quantes fois.*
Rab. Pant. IV. 64. *Puis demanda quantes heures sont.*
Id. I. 43. *Quantes victoires ont esté tolues des mains des vain-*
        *queurs.*
Wir lesen noch bei Pasquier, Lettres I. 2.    *Quantes personnes*
                                  *estimez-vous?*

b) *Quant* ist Substantiv:

Marot II. 106. *O quantz et quelz de vos plus favoriz*
              *Sont dix ans en la guerre periz!*
              *O quantz encore en verrez desvyer.*
Rab. V. Prol. *Quant de temps fut il fat?*

2. Fügen wir noch einige Beispiele der Redensart *quantesfois* und eine Bemerkung von Vaugelas darüber hinzu.

Marot I. 40. *O quantesfois.*
Id. III. 227. *Las! quantesfois.*
Malh. III. 1. *Quantes fois, lorsque sur les ondes*
              *Ce nouveau miracle flottait,*
              *Neptune en ses caves profondes*
              *Plaignit-il le feu qu'il sentait?*

Vaugelas sagt (p. 480): ‚*Quantesfois* pour dire ‚combien
de fois', est beau et agreable à l'oreille selon l'avis de beaucoup
de gens; tellement que je m'estonne qu'il ayt eu une si mauvaise
destinée, au moins en vers, où il a tres-bonne grace, et où il
est tres-commode, mesme apres l'exemple de M. de Malherbe,
qui l'a si bien mis en œuvre,*

             *Quantesfois, lors que sur les ondes*
             *Ce nouveau miracle flottoit etc.*

*Car pas un de nos Poëtes n'en voudroit user aujourd'huy, et
pour la prose je ne pense pas qu'il ayt jamais esté en usage,
ny mesme que M. de Malherbe, s'en soit servy.*

3. *Combien* in der heutigen Bedeutung wurde in der alten Sprache durch *quant* ersetzt.

**Beispiele für *combien*:**

Marot III. 168. *Combien par tout il fut trouvé de crimes.*

Mont. I. 116. *Il leur demanda pour combien ils vouldroient.*

### Maint.

1. Chassang schreibt über *maint* (N. Gr. § 208. 6). *L'adjectif ,maint' commence à vieillir, et ne s'emploie plus guère que dans le style familier. Au XVII*e *siècle il s'employait fréquemment en poësie, même dans le style le plus relevé. Ex. Maint poëte aveuglé d'une telle manie.* (Boileau.) *Dans maints et maints combats sa valeur éprouvée.* (Corneille.) *C'est un des mots que La Bruyère regrettait de voir disparaître du bel usage: ,maint est un mot qu'on ne devrait jamais abandonner'.* (Chap. ,*de quelques usages'*).

Vaugelas (p. 151) bemerkt: *Pour ,maint', et ,maintes', on ne le dit plus en parlant, mais on dit ,maintesfois' à la Cour en raillant, et de la mesme façon qu'on dit ,ains au contraire'. Neantmoins on ne l'escrit plus en prose, non plus que ,maint' adjectif. L'un et l'autre n'est que pour les vers, et encore y en a-t-il plusieurs, qui n'en voudroient pas user.*

Wir beschränken uns auf zwei Beispiele aus den Contes von Lafontaine.

La Mandragore. *Mainte princesse et mainte et mainte dame*
*En avoient fait aussi d'heureux essais.*

Les Rémois. *Accompagné de maint et maint pigeon.*

2. Im 16ten und noch im 17ten Jahrhundert stand *maint* auch substantivisch. Marot bietet hierfür zahlreiche Beispiele.

Marot III. 90. *Maintz vivront peu.*

Id. II. 46. *comme Sapho et maintes.*

Id. II. 222. *au dommaige de maints.*

Id. III. 9. *et maint la cause ignore.*

Lafont. Contes. Le Juge de Mesle. *Maint d'entre vous souvent*
*juge au hasard.*

3. Als Substantiv verband sich *maint* zuweilen auch mit *un, plusieurs* und *autre.*

Marot II. 253. *Mainct autre sainct.*
Id. III. 11. *A ce que voy, que n'ont plusieurs et maintz.*
Mont. I. 12. *Nous le tenons inevitable, et en y a maint un*
*qui —*
Lafont. Contes. Les courtisane amoureuse. *Mieux que mainte*
*autre à qui l'on se*
*marie.*
4. Ferner:
Marot II. 117. *Là où santé donnas à maintz et maintes.*
(cf. chacun No. 7).

## Même.

I. *Même* entspricht dem lateinischen *ipse.*

1. In der älteren Sprache bis zur zweiten Hälfte des
17ten Jahrhunderts stellte man *même* in diesem Sinne auch
vor das Substantiv, obgleich diese Stellung leicht Anlass gab
zu Verwechselungen mit *même* — lat. *idem.*
Ronsard. Elegie V. *Rien ne vit en moy que la mesme douleur.*
Jodelle. Amours, sonn. 18. *Ma foy, qui l'acier du mesme temps*
*mesprise.*
Des Portes. Diane II. Chanson. *Bien que la mesme beauté*
*Ait en vous son siege arresté.*
Corn. Le Cid. II. 2. *Sais tu que ce vieillard fut la même vertu?*
Id. La Veuve III. 1. *Ton salutaire avis est la même prudence.*

In den folgenden beiden Beispielen steht *même* in dem-
selben Sinne vor und hinter dem Substantiv.
Corn. Méd. II. 1. *Ah! l'innocence même, et la même candeur.*
Lafont. Contes. La Chose impossible. *A tes commandements le*
*diable obéira*
*Sur l'heure même; et puis,*
*sur la même heure ...*
Mol. Sgan. 16. *Avoir ainsi traité*
*Et la même innocence et la même bonté!*
Id. D. Garcie IV. 10. *Seigneur de vos soupçons l'injuste violence*
*A la même vertu vient de faire une*
*offense.*

594

Weitere Beispiele cf. Littré Dict. und Godefroy Lexique de Corneille.

2. In der älteren Sprache wurde *même* oft durch *propre* ersetzt.

Marot L 145. *que nos ennemys propres font passer pitié devant nos yeux.*

Id. II. 51. *Feit larmoyer mes propres Envieux.*

Id. III. 172. *Et au lieu propre, ou —*

Id. II. 82. III. 168. III. 196.

Rab. II. 240. *il n'est celuy ne celle de sa bande qui n'y offre sa vie propre.*

Lafont. Contes. Nicaise. *Jusqu'au propre jour de la noce.*

II. *Même* entspricht dem lateinischen *idem*.

1. Im 16ten und 17ten Jahrhundert konnte *même* in diesem Sinne den Artikel entbehren. Da die Sprache durch das Auslassen des Artikels lebhafter wurde, so bediente man sich dieses Mittels ziemlich häufig.

Calvin 1. 10. 2. *Les prophetes aussi luy baillent mesmes titres.*

Regn. Sat. XV. 152. *Et mettre à mesme taux le noble et le coquin.*

Id. Dial. 217. *Moy qu'un devoir égal à mesme soin invite.*

(cf. Nordström. Regnier).

Voiture I. 187. 10. *Et je le voy de mesmes yeux dont la posterité le verra.*

Pasc. Pens. I. 113. *les grands et les petits ont mesme accidans.*

Corn. Le Ment. II. 5. *Paris voit tous les jours de ces méta- morphoses:*

*Dans tout le pré aux Clercs tu verras mêmes choses.*

Mol. Amph. II. 2. *Si sa bouche dit vray, nous avons même sort.*

Id. Dép. am. IV. 2. *Tout autre n'eût pas fait même chose à ma place?*

Lafont. Fabl. XII. 2ª. *Le cage et le panier avoient mêmes pénates.*

Id. Fabl. VIII. 12.  *Une chèvre, un mouton, avec un cochon gras,*
*Montés sur même char s'en alloient à la*
*foire.*

Id. Phil. et Bauc. 155.  *Même instant, même sort à leur fin*
*les entraîne.*

Id. Contes. Le Diable en enfer.  *Or sont nos saints logés sous*
*même toit.*

Id. ib.  *On vous auroit, sans bouger du logis,*
*Même leçon, même secret appris.*

*Même* = latein. *idem* findet sich bei Corneille einmal nach dem Substantiv, wahrscheinlich wegen des Reimes.

La Pl. Roy. V. 3.  *Il aime quand je quitte, il quitte alors que*
*j'aime,*
*Et, sans être rivaux, nous aimons en lieu*
*même.*

2. *Le même* wurde substantivisch angewandt statt des heutigen *la même chose.*

Regnier. Sat. IV. 89.  *Bien que mon demon me dist souvent le*
*mesme.*

Desc. Meth. VI. 4.  *C'est quasi le même de ceux qui découvrent*
*peu a peu la verité.*

Pascal. Prov. XI.  *Ce qui est le même.*

Corn. Soph. L. 1.  *A peine une heure ou deux elles (ses troupes)*
*ont pris haleine,*
*Qu'il les range en bataille au milieu de la*
*pleine,*
*L'ennemi fait le même.*

Id. Agés. I. 2.  *Que je l'aurai promis à la face des dieux*
*Vous deviendrez cher à mes yeux,*
*Et j'espère de vous le même.*

3. Im 16ten Jahrhundert wurde *même* auch zuweilen mit dem Demonstrativpronomen und dem unbestimmten Artikel verbunden.

a) *même* mit dem Demonstrativpronomen verbunden:

Heptam. II. 335.  *en ceste mesme heure.*

Ib. III. 63.  *Ceste mesme dame.*

Rab. II. 18. *En ces mesmes jours.*

Marot III. 15. *Seigneur, je suis Venus, je vous dy celle mesme*
*Qui la pomme emporta.*

Auch Lafontaine schreibt in den Contes, Les Vies de père
Philippe:

*Il voulut être hermite, et destina son fils*
*A ce même genre de vie.*

b) *même* mit dem unbestimmten Artikel verbunden:

Hept. III. 61. *pource que le vray et le faulx n'ont que un*
*mesme langaige.*

Ib. II. 131. *un mesme moyen.*

Rab. II. 1. *En un mesme lieu.*

Marot I. 257. *Tous deux servions une mesme maistresse.*

Id. III. 54. *Un mesme effect engendre leurs discordz.*

Id. III. 249. *Tira de l'arc une mesme sagette.*

Regn. Sat. III. 81. *Et pour un mesme fait de mesme intelli-*
*gence,*
*L'un est justicié, l'autre aura recompense.*

Id. Sat. IV. 69. *Un mesme astre tousjours n'esclaire en ceste*
*terre.*

(cf. die Beispiele bei Littré, Dict.).

4. Ganz allgemein fügte man noch im 17ten Jahrhundert
ein *s* an adverbial gebrauchtes *même.*

Calv. 4. 1. 2. *Mesmes les eleus de Dieu sont tellement conjoints*
*en Jesus Christ.*

Hept. III. 60. *mesmes celle qui luy avoit fait ce mauvais tour.*

Malh. I. 1. *La naïveté, Dont mêmes au berceau les enfants te*
*confessent.*

Voiture. I. 43. 14. *Mesmes à cette heure je meurs d'envie.*

Corn. Imit. III. 39. *Mêmes dans les choses de peu.*

Id. Attila IV. 3. *et mêmes des plus braves.*

Mol. Le Dép. am. I. 1. *Et mêmes à mes yeux cent sujets d'en*
*avoir*
*S'offrent le plus souvent que je ne veux*
*pas voir.*

Boileau Epître X. *Que si mêmes un jour le lecteur gracieux.*

5. Im 16ten Jahrhundert nahm auch das Adjectiv *même* im Singular zuweilen ein *s* an.

Marot III. 231. *Quand tu l'auras elle mesmes enquise.*

Id. III. 36. *A soy mesmes.*

Calv. I. 11. 3. *(Moyse) n'a peu luy-mesmes obtenir de le voir face à face.*

Hept. III. 117. *soy mesmes.*

Ib. III. 85. *Et luy mesmes chercha.*

6. Umgekehrt lässt *même* auch das *s* im Plural fallen. Die Verkürzung geschah dem Verse zu Liebe, damit durch die Elison der letzten Silbe von *même* vor darauf folgendem Vocal der Vers seine richtige Anzahl Silben bekam (cf. Haase. Lafont. Fabeln, Enltg.). Wir begegnen dieser Freiheit bei den Dichtern des 17ten Jahrhunderts ziemlich oft, auch noch bei modernen, z. B. Lamartine.

Malh. II. 12. *Les immortels eux-même en sont persécutés.*

Corn. Soph. III. 6. *Ainsi par les lois même en mon pouvoir remise,*
*Il me donne au monarque à qui je fus promise.*

Lafont. Fabl. VII. 13⁵. *Où du sang des dieux même on vit le Xanthe teint.*

Vaugelas hat den Unterschied zwischen dem Adjectiv und dem Adverb *même* festgestellt durch folgende Regel (p. 188): *Eux-mesme. elles-mesme. C'est fort mal parler, il faut dire, ,eux-mesmes, elles-mesmes' avec une ,s', parce que ,mesmes' là est nom ou pronom et non pas adverbe. Quand il est adverbe, il est libre d'y mettre l' ,s', ou de ne l'y mettre pas, mais quand il ne l'est pas, comme en ces mots, ,eux-mesmes, elles-mesmes', c'est un solecisme d'obmettre l's. C'est pourquoy un de nos meilleurs Poëtes a failly, quand il a dit,*

*,Les immortels eux-mesme en sont persecutez.'*

*Il n'y a point de licence poëtique, qui puisse dispenser de mettre des ,s', aux pluriels.*

### Force.

*Force* unmittelbar vor einem Substantiv, adjectivisch und
undeclinirt, ist heute nach Sachs Dict. ein familiärer Ausdruck. Das 16te und 17te Jahrhundert bieten uns oft Beispiele von *force*.

Hept. III. 123. *avec force larmes feit tant.*
Marot IV. 132. *De peu de grains force blé.*
Id. II 256. *Messes sans nombre et force anniversaires.*
Regn. Sat. III. 146. *S'elle a force ducats, elle est toute pucelle.*
Corn. Ment. I. 6. *Etaler force mots qu'elles n'entendent pas.*
Racine II. 176. Plaid. 381. *Je connois force huissiers.*
Lafont. Contes. Le Roi Candaule. *Force gens ont été l'instru-*
⠀⠀⠀⠀⠀⠀⠀⠀⠀⠀⠀⠀⠀⠀⠀⠀⠀⠀⠀⠀⠀*ment de leur mal.*
Id. ib. L'Anneau d'Hans Carvel. *Une nuit qu'ayant tenu table,*
⠀⠀⠀⠀⠀⠀⠀⠀⠀⠀⠀⠀⠀⠀⠀⠀⠀⠀⠀⠀⠀*Et bu force bon vin nouveau.*

### Guère.

Ueber *guère* finden wir Darm. Hatzf. § 250: *„Guère ou gairé',*
*dit Robert Estienne, signifie, „beaucoup' ou „moult', soit de temps,*
*ou autre chose, et ne se met jamais sans négation précédente;*
*comme: „Il n'y a guère de vin'. Les Savoyens en usent sans*
*négation en interrogant. „Guère cela'? comme s'ils disoyent:*
*„Cela coustera-il beaucoup'? „Guère', ne s'employant plus qu'avec*
*la négation „ne', a reçu de celle-ci une valeur négative qui ne*
*lui est pas propre.* Guère ist heute eine abgeschwächte Negation, welche gleichbedeutend ist mit *„pas beaucoup, presque*
*pas'.* Im 16ten Jahrhundert hatte es noch seine ursprüngliche positive Bedeutung.

Hept. II. 129. *Mais ce contentement ne luy dura gueres.*
Ib. III. 102. *laquelle ne dura gueres.*
Marot II. 160. *Et si la levre eust gueres demouré*
⠀⠀⠀⠀⠀⠀⠀⠀⠀⠀⠀⠀⠀*Contre la mienne, elle m'eust succé l'Ame*
⠀⠀⠀⠀⠀⠀⠀⠀⠀⠀⠀⠀⠀*En la baisant.*

cf. die Beispiele bei Darm. Hatzf. § 250.

# Prou.

,*Prou*', sagt Vaugelas (Nouv. Rem. p. 467), ,*est un vieux mot français pour dire assez, dont plusieurs usent encore en parlant; mais il ne vaut rien à écrire*. Man findet *prou* in der Bedeutung von *assez*, *beaucoup* noch am Ende des 17ten Jahrhunderts, auch mit Genitiv.

Marot IV. 21. *J'ay prou de quoy rire en ce lieu.*

Lafont. Le Cocu battu et content. *Prou de pardons il avoit rapporté.*

Mol. L'Et. II. 5. *J'ai prou de ma frayeur en cette conjoncture.*

Heute ist *prou* nur in den familiären Redensarten *peu ou prou, ni peu ni prou* gebräuchlich (Sachs).

cf. Lafont. Fabl. V. 18⁴. *Qu'ils ne se goberoient leurs petits peu ni prou.*

# Nul.

1. *Nul = aucun* cf. *aucun* No. 4.

2. Nach seiner Etymologie wurde *nul* im Altfranzösischen ohne *ne* negativ angewandt. Heute ist *ne* unerlässlich, wenn *nul* unbestimmtes Fürwort ist. Noch im 16ten Jahrhundert liess man *ne* fort.

Calv. 4. 16. 31. *la quinzième raison est de nulle saveur.*

Id. 3. 16. 1. *nous enseignons que par œuvres nul est justifié.*

Mont. II. 10. p. 307. *je suis homme de nulle retention.*

Marot III. 210. *et à nul donnant craincte.*

Id. ib. *Ne sçait la voye, et quand il la sçauroit, Sur les chevaulx nulle puissance auroit.*

Pascal. Prov. IX. *Car le bien . . . . est si mince —, qu'il est de nulle considération.*

*Nul* steht substantivisch im Plural:

Marot IV. 149. *sans que nulz les sequeurent.*

Nach Darmest. Hatzf. § 176 hat die Analogie von *aucun — ne*, auch zu *nul* die halbe Negation *ne* hinzugefügt. *Nul ne le fait mieux que luy* (Rabelais I. 23), und hat aus demselben Grund *nul* den positiven Sinn, den *aucun* hat.

3. Cf. chacun No. 7.

Hept. II. 380. *Je n'ay oy nul ny nulle.*

Gessner (I. 34) citirt noch aus Hept.:

*Car il n'y nul ne nulle de nous —*.

## Nully.

*Nully* = Jemand, niemand.

Hept. II. 273. III. 108. *sans parler à nulluy.*

Ib. II. 178. *que vous n'en parlerez à nulluy.*

Marot I. 76. *Grace où nully ne vient interceder.*

Id. I. 200. *Sans de nully vouloir blesser l'honneur.*

Id. I. 129. *Quand de nully n'euz aucune response.*

## Nesun.

*Nesun* = Keiner, findet sich

Marot II. 171. *Bref, il fauldra que chascun se reduise*
*Ou des trois partz n'en demourra nesun*
*Juges, prevostz.*

## On. L'on.

1. Der Unterschied zwischen *on* und *l'on* bestand noch nicht am Anfange des 17ten Jahrhunderts, man setzte beide Formen nach Belieben. Erst Vaugelas stellte die Regel auf (p. 9—12): ,*On et l'on*', *se mettent devant le verbe.* ,*On*' *se mette devant et après le verbe;* ,*l'on*' *ne se met jamais après le verbe que par les Bretons, et quelques autres Provinciaux, et* ,*l'on*' *se met tousjours après le verbe.* ,*On dit*' *et* ,*l'on dit*' *sont bons, mais* ,*on dit*' *est meilleur au commencement de la periode. Si le verbe finit par une voyelle devant* ,*on*', *comme* ,*prie-on, alla-on*', *il faut prononcer et écrire un* ,*t*' *entre-deux* ,*prie-t-on, alla-t-on*', *pour oster la cacophonie.*

*On ne doit pas mettre une apostrophe après le* ,*t*', *qui est très-mal employée, parce que l'apostrophe ne se met jamais qu'en la place d'une voyelle, qu'elle supprime, et chacun sçait qu'il n'y en a point icy a supprimer après le* ,*t*'. *Il faut donc mettre un tiret après le ,t', comme on l'a mis devant, ss escrire ,alla-t-on, prie-t-on'.*

*Et ,si on, si l'on'.* A cause de la rencontre des deux *voyelles en ces deux petits mots, ,si on', plusieurs escrivent tousjour, ,si l'on', excepté en un seul cas, qui est, quand après l' ,n', il suit immédiatement une ,l'.* Par exemple, ils diront, ,si on le *veut', et non pas ,si l'on le veut', parce qu'il y a une ,l', immédiatement après l' ,n', et que des deux cacophonies il faut choisir la moindre.* Car si, ,si on', blesse l'oreille, ,si l'on le', à leur avis, la blesse encore davantage.

Hiergegen machte 1704 die Academie geltend, os wäre *quelque chose de trop affecté à dire ,si l'on'.* Man sollte einfach *si on* sagen, wie Amyot that (cf. Chassang N. Gr. § 261).

Noch im 17ten Jahrhundert finden sich häufig Kakophonien, wie die durch Wiederholung eines *l* nach *l'on* entstandene.

Hept. II. 159. *que l'on le craingnoit.*

Marot IV. 184. *toutesfois l'on le peult.*

Id. IV. 164. *au jour que l'on la detruisoit.*

Id. II. 95. *Ce que l'on loue.*

Rab. II. 4. *Que l'on l'avoit laissé sans luy bailler à repaistre.*

Pascal Pens. I. 47. *et encores l'on les appelle.*

Pasc. Prov. 355. *où l'on les auroit surpris.*

Regnier Sat. XIII. 226. *Et ne le differer qu'en tant que l'on le peut.*

Lafont. Fabl. X. 2[81]. *Une vache étoit là: l'on l'appelle; elle vient.*

Id. ib. X. 2[79]. *L'homme, trouvant mauvais que l'on l'eut convaincu . . . .*

Racine II. 155. Plaid. 147. *Il la ruinera si l'on le laisse faire.*

*L'on* steht nach dem Verbum:

Hept. II. 139. *et trouva l'on.*

Rab. II. 1. *Et dit l'on qu'en Bourbonnois encores dure l'heraige.*

Marot I. 65. *Et verra l'on les chesnes plantureux.*

Id. II. 34. *Et diroit l'on.*

Montaigne wendet *l'on* hauptsächlich an nach den Verben, wenn sie mit einem Vocal, stummen *e* oder *a* schliessen.

Mont. 3. p. 639. *Et nous l'ordonne l'on principalement.*
Id. 5. p. 670. *Que va l'on devinant.*
Id. 6. p. 703. *Et a l'on raison d'accuser.*

Man findet auch sehr oft *l'on* am Anfang eines Satzes, hauptsächlich bei La Bruyère, bei dem es durch den Inhalt seiner Schriften bedingt ist.

Hept. II. 284. *L'on attendit que.*
La Bruyère I. 261. *L'on mange ailleurs des fruits précoces; l'on force la terre et les saisons pour four-nir à sa délicatesse.*
Id. II. 478. *L'on marche également dans toutes ces différentes études.*
Regn. Sat. IV. 127. *L'on a beau faire bien et semer ses escris.*
Id. Sat. XI. 30. *L'on allume du feu, dont j'avois bien affaire.*

2. Im 16ten Jahrhundert setzte man auch *s'on* statt *si l'on.*

Marot I. 51. *Car s'on vivoit.*
Id. III. 232. *Ou s'on la voit.*
Regn. Sat. IV. 4. *Si fortune s'en mocque et s'on ne peut avoir Ny honneur, ny credit.*
Id. ib. 142. *Disant s'on n'est hargneux et d'humeur difficile.*

3. Weiter findet man gegen den jetzt herrschenden Ge-brauch *on* in folgenden Beispielen:

Hept. II. 167. *jusques ad ce que l'on congnoisse.*
Marot III. 252. *Là où on oyt.*
Id. IV. 39. *Et afin qu'on cognoisse mieulx.*
Regn. Sat. VII. 60. *En cela l'on cognoist que la nature est sage.*

### Personne.

1. Littré (Dict.) citirt das erste Beispiel von *personne* als unbestimmtem Pronomen aus dem 16ten Jahrhundert (s. u.). In diesem und im 17ten Jahrhundert war *personne* seiner Etymologie nach femininum, da es aus *persona* entstanden war, und wurde so mit dem Substantiv *personne* verwechselt. Erst Vaugelas hat den Unterschied zwischen dem Substantiv

und dem unbestimmten Pronomen *personne* festgestellt. Er sagt (p. 6): *Ce mot a deux significations, et deux genres differens* . . . . *Il signifie donc, l'homme et la femme tout ensemble, comme fait ‚homo' en Latin, et en ce sens il est tousjours feminin, et a personnes.* — *Il signifie aussi le ‚nemo' des Latins* — — —, *et ce que les vieux Gaulois disoient, ‚nully', c'est à dire, ‚nulle personne', ny homme ny femme. En ce sens il est indeclinable, et n'a point proprement de genre, ny de pluriel; mais il se sert tousjours du genre masculin.* Dann giebt er das Beispiel: *je ne vois personne si heureux que vous; personne n'est venu.*

Paré XXIV. 52. *ny que personne y soit admise pour le secourir.*

Gessner citirt folgendes Beispiel aus Marot:
> *N'est autre cas qu'une risée*
> *Ou personne n'est desprisée.*

(cf. Darmest. Hatzf. § 177 und Littré, Dict. u. d. W. *personne*).

2. *Personne* wurde auch wohl mit einem Adjectiv oder einem Genitiv verbunden:

Pascal. Pens. IX. *Il n'y a personne raisonnable qui puisse parler de la sorte.*

Mol. Crit. de l'Ec. des fem. I. *Quoi, cousine, personne ne t'est venu rendre visite? — Personne du monde.*

3. Noch im 16ten Jahrhundert findet sich *personne* in positiven Sätzen, z. B.:

Heptam. III. 88. *escoutant si personne de ceans faisoyt poinct de bruit.*

Henri Etienne (Traicté de la Conformité 1569 pag. 96) sagt: *ayant cousideré de pres quel en est l'usage, je trouve, qu'il n'emporto point négation, (non plus que rien) et ne signifie pas Nul, mais Aucun. Et ce qui nous donnera ceci à entendre bien aiseement, c'est que autant est de dire, Je ne trouve personne qui y veuille aller, que si nous disions, Je ne trouve aucun qui y veuille aller. Mais ce qui fait abuser plusieurs à la signification de ces deux mots Rien et Personne, est qu'ils sont joincts ordinairement à la particule negative.*

604

Weil *personne* nun ursprünglich positiven Sinn hatte, konnte es auch mit *ne* und *point* construirt werden.

La Bruyère. *Nous ne sommes point plus caressés de personne, pendant notre vie, que de celui qui croit gagner à notre mort.*
(cf. Chassang N. Gr. § 388. Hist.).

## Peu.

Die Vertretung des unbestimmten Pronomens *peu* durch *petit* findet sich noch im 17ten Jahrhundert. Heute ist sie veraltet.

Heptam. III. 67. *La damoiselle — actendit ung petit.*
Ib. III. 87. *de s'y reposer ung petit.*
Marot. II. 189. *Mais n'en prenez qu'un petit.*
Id. III. 206. *Jecte un petit sur ma face tes yeulx.*
Id. I. 98. *Estends tes yeulx un petit ceste part.*
Molière. Ec. des fem. II. 6. *Qu'avez-vous? Vous grondez, ce me semble, un petit.*
Id. Amph. I. 2. *Je commence, à mon tour, à le croire un petit.*
Id. ib. II. 1. *J'ai devant notre porte, En moi-même voulu répéter un petit.*
Lafont. Songe de Vaux. 4e fragm. *Ne lui donnez plus rien qu'un petit de panade.*
Sévigné. 17. juill. 1680. *il s'amuse a bâtir un petit.*

## Plusieurs. La plupart.

1. *Plusieurs*, heute unbestimmtes Fürwort, war im Altfranzösischen Adjectivum und vertrat mit dem bestimmten Artikel verbunden das Substantiv *la plupart*. Letzteres findet sich seit dem 15ten Jahrhundert und vertritt von da an *les plusieurs* und *le (les) plus*.

Marot I. 109. *Que la plupart de ceux qui l'escoutoient.*
Regn. Sat. VII. 1. *Sotte et fascheuse humeur de la pluspart des hommes.*
Id. Sat. IV. 172. *Que la plus part des gens sont habillez en sots.*

605

— 97 —

2. *La plupart* stand auch mit Substantiven, die keinen collectiven Sinn hatten. Gessner (II. 31) citirt hierfür einige Beispiele aus Montaigne.

> *Ayant par dehors faict sapper la plus part du chasteau.*

Id. *La plus part de l'entreprinse.*

Id. *Comme la plus part du sang fut desja escouté par les veines de bras.*

Die Regel, nach welcher das Verbum mit dem partitiven Substantiv nach *la plupart* congruirt, ist schon von Vaugelas (p. 41) aufgestellt: *La pluspart regit tousjours le pluriel . . . . Mais pour monstrer, ce qui a esté dit en la remarque precédente, que le genitif donne la loy au verbe, et non pas le nominatif (ce qui est bien extraordinaire et à remarquer) on dit, ‚la pluspart du monde fait‘, quoy que l'on die tousjours, ‚la pluspart font‘, parce que ce genitif singulier ‚du monde‘, donne le regime au nombre singulier du verbe; Et si vous dites, ‚la pluspart des hommes‘, vous direz aussi, ‚font‘ et non pas ‚fait‘.*

## Quelque. Quelqu'un.

1. *Quelque* und *quelqu'un* wurden seit dem 15ten Jahrhundert ebenso wie *aucun* in ihrer ursprünglichen Bedeutung gebraucht, um „einige" auszudrücken, bis *aucun* ausschliesslich in negativen Sätzen angewandt wurde. Wie heute, war *quelque* Adjectiv und *quelqu'un* Substantiv. Nur einmal (III. 43) scheint Rabelais *quelqu'un* adjectivisch gebraucht zu haben:

> *Vous luy baillez quelqu'un plus jeune,*
> *docte prudent perit et vertueux conseiller.*

Umgekehrt finden wir substantivisches *quelque*:
Des Periers I. 26. *quelques de ces poëtes.*

Indessen wurden *quelque* und *quelqu'un* noch im 17ten Jahrhundert da gesetzt, wo das moderne Französisch wegen des negativen Sinnes des Satzes *aucun* oder *personne* setzen würde.
Marot III. 145. *tout nud sans quelque couverture.*
Id. IV. 178. *sans quelque erreur commettre.*
Calvin. Déd. *Car nous ne forgeons point quelque nouveau Evangile.*

Id. ib. *sans quelque merite nous sommes sauvez.*
Id. 3. 18. 8. *La force de justifier qu'a la foy ne gist point en*
*quelque dignité de l'œuvre.*
Pascal. Les Prov. III. *Vous imaginez-vous que, si l'on en eût*
*trouvé quelqu'une, — —.*
Id. Prov. IV. *Y en a-t-il quelque autre qui parle comme*
*celui-ci?*
Id. 26. *— que de ceux où l'on ignore quelqu'une —*

2. Während *quelque* heute vor Zahlwörtern im Sinne von
„gegen, etwa" Adverb ist, wurde es in der älteren Sprache in
diesem Sinne als Adjectiv angesehen und demgemäss verändert.
Es war dies noch ganz allgemein im 17ten Jahrhundert, obwohl Vaugelas (p. 4) die Regel aufstellte: *Ce mot est quelquefois*
*adverbe, et par conséquent indeclinable. Il signifie alors ,en-*
*viron'. Il ne faut donc point y ajouter d' ,s', quand il est*
*joint avec des pluriels, comme il faut dire, ,Ils estoient quelque*
*cinq cens hommes', et non pas ,quelques cinq cens': car là il*
*n'est point pronom, mais adverbe.*

Bei Racine finden wir noch immer gegen den modernen
Gebrauch *quelques* (cf. Racine, tome VIII. p. 428 und Gode-
froy. Lexique de Corn. II. 228), und nur einmal setzt er
(V. 144. Notes hist.) *quelque* ohne *s*:

*Quelque six mille hommes.*

Corneille. Clit. II. 3. *Attendez, il y peut avoir quelques huit*
*jours.*
Racine. II. 163. Plaid. 256. *Quel âge avez-vous? Vous avez*
*bon visage.*
*— Hé! quelques soixante ans....*


## Quelquefois.

*Quelquefois* hatte im Altfranzösischen die Bedeutung von
*une fois.* In dieser Bedeutung wurde es noch, obwohl selten,
im 16ten Jahrhundert angewandt. La Curne und Littré
führen in ihren Wörterbüchern einige Beispiele an.
L'am. ressusc. p. 528. *Ezechias roy d'Israël quelquesfois malade*
*jusqu'à la mort.*

Rab. Pant. II. 4.     *Mais quelquefois qu'ung grand ours que nourrissoyt son pere eschappa, et luy venoit lescher le visage, il . . . .*

Calvin Inst. 806.     *Saint Pierre denonce que les fideles sont appelez, à ce qu'ils soyent quelquefois participans de la nature divine.*

Selbst bei Lafontaine findet sich noch Fabl. IX. 2:
    *J'ai quelquefois aimé.*

## Quelque chose.

Seit dem 15ten Jahrhundert verschwindet *alques* und wird durch *quelque chose* ersetzt. Littré (Dict.) sagt: *Quelque chose est devenu masculin à cause du sens vague qui y est attaché; mais naturellement il était, quand on a commencé à s'en servir en ce sens, féminin.*

Calv. Inst. préf.     *Si l'on peut nommer quelque chose plus vile.*

Id. Inst. 931.     *Si on nous apporte sous le titre de l'esprit quelque chose qui ne soit contenue en l'Evangile, ne la croyons pas.*

Hept. II. 209.     *congneut qu'il y avoit quelque chose cachée soubz sa devotion.*

Desc. Méth. 6, 5.     *Il est rarement arrivé qu'on m'ait objecté quelque chose que je n'eusse point du tout prévue.*

Amyot. Marcel. 30.     *Si d'adventure il y eut adonc quelque chose moins que humainement faite contre les Syracusains.*

Mont. I. 38.     *t'addonner à l'estude des Lettres pour en tirer quelque chose qui soit toute tienne.*

Corn. Ment. III. 5.     *Je vous voulais tantôt proposer quelque chose;*
    *Mais il n'est plus besoin que je vous la propose,*
    *Car elle est impossible.*

Andere Beispiele cf. Haase, Garnier p. 27.

Die heute geltende Regel ist zuerst von Vaugelas aufgestellt (p. 220): *Ces deux mots font comme un neutre selon leur
signification, quoy que ,chose' selon son genre soit feminin. C'est
pourquoy il faut dire par exemple ,Ay-je fait quelque chose que
vous n'ayez fait'? Et non pas ,que vous n'ayez faite'?*
Und in einer anderen Bemerkung (p. 466) sagt er, das
Ohr müsse entscheiden bei dem Geschlecht von *quelque chose:
Mais pour discerner ces endroits là, je n'en sçay point de reigle
que l'oreille.*

## Quelconque. Quiconque.

1. Im 16ten Jahrhundert wurde gemäss der Etymologie
*quelconque* in der Mitte des Wortes flectirt.

Marot II. 151. *Sans nulz plaisirs quelzconques.*

Id. II. 224. *sans reproches quelzconques.*

2. *Quelconque* findet sich nur verbunden, während *quiconque* verbunden und selbstständig steht. Adjectivisch scheint
*quiconque* vor dem 16ten Jahrhundert nicht verwandt zu sein.

Rab. Ep. I. *Et ne luy fut faite entrée quiconques.*

Id. Ep. III. *Il ne luy fait honneurs quiconques à son arrivée.*

Id. III. 3. *La entre les astres ne sera cours regulier quiconque.*

3. Für den im Altfranzösischen vorkommenden Plural
von *quiconque* bietet uns das 16te Jahrhundert noch einige
Beispiele. In dem Calvin entnommenen Beispiele ist die Con-
gruenz des Verbums unterblieben.

Calvin 4. 16. 9. *tant quiconques par certaine fiance se repose
sur cette promesse, Que Dieu veut faire misericorde à leur lignee, leur office est de pre-
senter leurs enfans pour recevoir le signe de
misericorde.*

Marot IV. 7. *Vous approuvez tous ceux quiconques
Vivent d'une vie mauvaise.*

La Noue 189. *Quiconques soient ceux qui font estat d'aller faire
la guerre au païs d'autrui.*

4. *Quiconque* kann das Subject zweier Sätze, oder das
Object des einen und das Subject des andern sein. Hieran

knüpft Chassang (N. Gr. § 266 Hist.) die Bemerkung *Cette confusion du sujet et du complément est contraire à la construction latine de ,quicunque', d'où vient ,quiconque'. Mais, jusqu'au XVII<sup>e</sup> siècle, on l'employait souvent en lui donnant un antécédent, comme en latin (,quicunque .. illi .' —).*

Calvin 4. 16. 26. *quiconque croit au Fils, il a la vie eternelle.*

Corn. Cinna II. 1.   *Il passe pour tyran quiconque s'y fait maître.*

Hierzu die Bemerkung Voltaire's: *Cet il était autrefois un tour très-heureux; la tyrannie de l'usage l'a aboli.*

Corn. Perth. I. 2.   *Il sait mal ce qu'il dit, quiconque vous*
*fait croire*
*Qu'aux feux de Grimoald je trouve quelque*
*gloire.*

Racine III. 516. Esth. 838.   *Quiconque ne sait pas dévorer un*
*affront,*
*Loin de l'aspect des rois qu'il*
*s'écarte, qu'il fuie!*

Man liest noch bei Massillon:

*Quiconque s'éloigne de la sagesse, il s'éloigne du seul bonheur où l'homme puisse espérer sur la terre.*

Vaugelas (p. 328) tadelt diesen Gebrauch: *Quand on dit, ,quiconque', il ne faut pas dire ,il', apres, quelque distance qu'il y ait entre-deux, par exemple ,quiconque veut vivre en homme de bien et se rendre heureux en ce monde et en l'autre, doit, etc.', et non pas ,il doit'.*

## Tel.

1.   *Tel*, absolut gebraucht, ohne Substantiv, bezeichnet ein unbestimmtes Individuum und findet sich in dieser Bedeutung noch im 17ten Jahrhundert im Plural. Gessner (II. 33) führt einige Beispiele aus Montaigne an:

*Tels ont si grande opinion d'eux et de leurs moyens.*

und:   *La pluspart des hommes passant leur vie sans gouster de la pauvreté, et tels encore sans sentiment de douleur et de maladie.*

Lafont. Contes. Nicaise.   *Tels et tels m'ont fait demander.*

2. Noch im 16ten Jahrhundert wurde *tel* vor dem éinem Substantiv vorangehenden Adjectiv flectirt:

Marot I. 145. *Et en telle miserable façon.*

Id. II. 39. *Une telle excellente beauté.*

Id. I. 51. *Faict deschiffrer tels noysifz altercas.*

3. *Autretel* findet sich, in zwei Worte geschrieben, noch im 16ten Jahrhundert.

Rab. III. 22. *Et autres telles bestes.*

Id. I. 24. *Autres telles sortes d'ouvriers.*

Gessner (II. 34) citirt noch aus Montaigne:
*Autres telles choses estrangeres.*

4. Im 16ten und auch noch im 17ten Jahrhundert konnte vor *tel* (cf. *autre* No. 3) der unbestimmte Artikel fehlen.

Marot I. 77. *Mais que diray dont tel amour procede*
*Qui les amour de tous humains excede.*

Regnier. Sat. VI. 213. *On a beau se charger de telle marchandise.*

Pasc. Prov. IV. —, *telle action n'est ni bonne ni mauvaise.*

Id. Pens. I. 180. *incapable de telle sottise.* .

Corn. Sur. II. 1. *Mais tel chagrin aussi pourroit me survenir.*

Id. L'Œdipe. I. 3. *L'amour qu'il me portoit eut sur lui tel pouvoir.*

5. Ueber die Unterdrückung des partitiven *de* in der Redensart *rien de tel* sagt Vaugelas (p. 323): ‚Il n'y a rien de tel, il n'y a rien tel‘. *Tous deux sont bons, et il semble qu'en parlant on dit plustost ‚il n'y a rien tel‘, que l'autre, mais qu'en escrivant, on dit plustost ‚il n'y a rien de tel‘. Pour moy je voudrois tousjours escrire ainsi‘.* Die Unterdrückung dieses *de* findet sich noch heute als Archaismus (cf. Lücking, Frz. Gr. §. 451. II).

Regn. Sat. III. 140. *Dire qu'il n'est rien tel qu'aymer les gens de court.*

Pascal. Prov. IV. *Il n'est rien tel qu'aymer les jésuites.*

Mont. I. 25. *Il n'y a rien tel que d'allecher l'appetit.*

Mol. D. Juan. I. 2. *Il n'est rien tel en ce monde que de se contenter.*

6. *Tel* verbunden mit *tout.*

Hept. II. 196. 197. *Tout tel qu'il est.*

Ih. II. 294. *toute telle.*

Marot IV. 23. *Toute telle.*

Lafont. Contes. L'Oraison

de saint Julien. *Je me ris d'eux; et je tiens, quant à moi,*

*Que tous tels sorts sont recettes frivoles.*

## Tout.

1. Die im Altfranzösischen gebräuchliche Verstärkung von *tout* durch *tres* findet sich noch im 16ten Jahrhundert, nach Gessner (II, 34) noch am Anfang des 17 ten.

Marot I. 187. *Qu'il ne vous face trestous rire.*

Id. III. 11. *Les pouldz,*

*Les loups,*

*Les cloux*

*Te puissent ronger soubz la cotte*

*Trestous*

*Tes troux*

*Ordouz*

*Les ruysses, le ventre et la motte.*

Rab. IV. 24. *Bonjour messieurs, dist Panurge, bonjour tres-*

*tous.*

Id. IV. 41. *vostres sommes trestous.*

Gessner (II. 34) citirt noch einige Beispiele aus Montaigne:

*Ilz viennent hardiment tretous.*

und *Nous irons tretous apres.*

2. Wenn in der alten Sprache *tout* vor einem Adjectiv mit einem Substantiv zur Verstärkung stand, so wurde es als Adjectiv angesehen und flectirt (cf. Diez, Gr. III. 85. Darmest. Hatzf. § 138). Dieser Gebrauch war im 16ten Jahrhundert noch ganz allgemein und erhielt sich bis zum Anfang des 17 ten, (Godefroy (Lex. comp. II. 360—368) bringt eine eingehende Untersuchung darüber, und Mesnard L. 526 f. zeigt, dass Pascal und Racine darin auch übereinstimmen) obwohl Vaugelas (p. 95) schon die Regel aufgestellt hatte, die heute, abgesehen von einigen Ausnahmen, gilt: *C'est une faute que*

*presque tout le monde fait, de dire, ,tous', au lieu de ,tout'.
Par exemple, il faut dire, ,ils sont tout estonnez', et non pas,
,tous estonnez', parce que ,tout' en cet endroit n'est pas un nom,
mais un adverbe, et par consequent indeclinable, qui veut dire
,tout à fait', ,omnino' en Latin.* Dann folgen die Ausnahmen.

Die Academie (Obs. 1704) bestätigte die von Vaugelas auf-
gestellte Regel und strich nur die Ausnahmen.

Die Beispiele sind sehr zahlreich. Hier nur einige.

Hept. II. 183. *s'en courut toute effrayée.*

Ib. II. 3. 251. 252. 388. 395. *toute seule.*

Ib. III. 97. *toute nue.*

Ib. II. 176. *la parole toute contraire à son cueur.*

Marot II 50.          *l'ame noble s'osta,
         Et toute gaye au ciel luysant saulta.*

Id. II. 14. *leurs corps tous nuds.*

Rab. III. 3. *L'ame toute indignée.*

Id. II. 19. *La main gauche toute ouverte.*

Mol. Mis. III. 5. *La fourbe a de l'esprit, la sotte est toute bonne.*

Id. III. 7. *Oui, toute mon amie, elle est et je la nomme
         Indigne d'asservir le cœur d'un galant homme.*

Pasc. Prov. I. *Ils y en ont trouvé de toutes contraires.*

Corn. Nicom. III. 2. *Et puisque vous voyez mon âme toute
         entière.*

Boileau Sat. X. *D'un repas sortant toute enfumée.*

3. Der bestimmte Artikel fehlt:

Calvin 3. 2. 25. *Toutes gens sont devant loy, comme si elles
         n'estoient point.*

Mont. I. 3. p. 7. *— desirable à tous bons Princes.*

4. Ferner:

Marot II. 259. *Toutes et tous, des granz jusqu'aux menuz.*
(cf. *chacun* Nro. 7).

## Ulle.

*Ulle* findet sich einmal bei Rabelais in der Bedeutung
*aucune:*

Rab. Pan. IV. 8. *La nauf vuidée du marchant et des moutons,
         reste il icy, dist Panurge, ulle ame mou-
         tonniere?*

## Un.

1. *Un* wurde als Substantivpronomen noch bis zur Mitte des 17ten Jahrhunderts verwandt an Stelle des heutigen *quelqu'un*. Besonders steht es in diesem Sinne mit folgendem *qui*, seltener ohne *qui* (cf. Chassang, N. Gr. § 208. 11. Hist. Darm. Hatzf. § 181).

Hept. II. 187. *parleray je d'un à qui.*

Ib. II. 369. *vous me faictes souvenir d'une qui avoyt.*

Ib. III. 69. *pourchasser une qui ne l'ayme poinct.*

Marot III. 15. *Une dame à un qui luy donna sa pourtraicture.*

Id. III. 44. *A une qui luy feit chere par manière d'acquict.*

Id. II. 129. *D'un qui incite une jeune dame à faire amy.*

Mont. II. 8. p. 299. *oster à un, ce que sa fortune luy avoit acquit.*

Id. I. 19. p. 48. *par un qui leur crioit.*

Regn. Sat. X. 426. *Comme un qui fend le vent.*

Id. Sat. VIII. 137. *Encores dittes moy, en vostre conscience,*
*Pour un qui n'a du tout acquis nulle science,*
*Cecy n'est il pas rare?*

Id. Sat. X. 200. *Mais un qui pour un temps suivit l'arriere ban.*

Lafont. Contes. Pâté d'Anguille. *Vous en avez à la maison*
*Une qui vaut cent fois la mienne.*

Indessen findet man *un qui* selbst noch bei
Racine V. 496. Trad. (in
einem Jugendwerke). *Un qui n'avoit jamais sorti de Corinthe*
*commençoit ainsi son histoire.*

*Qui* fehlt nach *un*:
Marot III. 27. *Bren, laissez moy, ce disoit une*
*A un sot qui luy desplaisoit.*

Id. II. 44. *Que d'en veoir une en ma Dame et Maistresse.*

Mont. II. 8. p. 299. *pour nous faire oster à un ce que sa*
*fortune luy avoit acquit.*

Lafont. Contes. Les Rémois. *Une avoit pris un peintre en mariage.*

2. *Un* steht an Stelle des heutigen *quelque.*

Pascal. Prov. III. *Leur censure, — —, aura presque tout son effet pour un temps.*

Id. Prov. X. *Suarez dit qu'on y est obligé en un temps: mais en quel temps?*

3. *Un* in Verbindung mit *autre* dient

a) um die Wechselbeziehung auszudrücken;

b) in distributivem Sinne.

Während man im modernen Französisch in beiden Fällen sagen würde *les uns* und *les autres,* konnte der Artikel im Altfranzösischen fehlen. Im 16ten Jahrhundert beginnt dieser Gebrauch zu veralten.

a) Hierfür citirt Gessner (II. 35) einige Beispiele aus Rabelais. *Plus librement, plus familierement les diroient unes aux autres, sous le sceau de confession,*

und *Beuvans les bons compagnons uns aux autres.*

Wenn die Redensart *l'un — l'autre, les uns — les autres* die Wechselbeziehung ausdrückt, dann ist der erste Theil der Redensart das Subject, der zweite Theil das Object. Dann verlangt der moderne Sprachgebrauch, dass dem Verbum eines der Fürwörter *se, nous, vous* vorangeht. Die Unterdrückung dieser Pronomina finden wir in Beispielen, wie:

Calvin 4. 20. 15. *qu'il soit honoré de nous tous, et que nous aimions mutuellement l'un l'autre.*

Id. 4. 20. 15. *sans faire nuisance les uns aux autres.*

Id. 4. 12. 16. *en commandant aux maris et aux femmes de rendre devoir mutuel l'un à l'autre.*

(cf. Chassang, N. Gr. § 245. bis. Hist.).

b) Rab. Sciom. *Quelques courriers de banque, venans uns de Lyon, autres de Ferrare.*

Id. IV. 62. *Uns ronds et sphericques, autres en forme lachrymale.*

Id. III. 22. *Et autres telles bestes; lesquelles sont unes noires, autres fauves, autres cendrées, autres tannées et basanées.*

L. Marot V. 59. *A contempler villes, chasteaulx, citez*
*Unes montans en grant preeminence,*
*Aultres tumbans en basse décadence.*

4. Ferner

Marot I. 20. *Là par grans consolations*
*Un avec une devisoit.*

cf. Pron. dem. Cil. Nro. 7.

## Rien.

1. *Rien* kommt vom lateinischen *rem* und hatte in Folge
dessen ursprünglich keineswegs den negativen Sinn. Henri
Estienne (Traicté de la Conformité, 1569, p. 96) sagt über *rien*
(und *personne*, cf. dort): *Ceulx qui estiment que rien signifie*
*„nihil", s'ils en considèrent bien l'usage, trouveront qu'au con-*
*traire c'est le „res" des Latins, et ce que nous disons Chose.*
*Qu'ainsi soit, quand je di, S'il y a rien que je puisse, je suis*
*a vostre commandement. Et quand je di, S'il y a chose que je*
*puisse, n'est-ce pas un mesme propos? Item Il n'y a rien qui*
*me fasche tant que cela. Ou, Il n'y a chose qui me fasche*
*tant que cela. Item, Il n'y a rien du monde que je craigne*
*plus, ou, Il n'y a chose du monde. Et puisque ainsi est, nous*
*ne devons pas nous tant mocquer de ceux qui disent Quelque*
*rien, au lieu de Quelque chose.*

Hiernach ist es erklärlich, dass *rien*

a) zuweilen durch *chose* ersetzt wurde,

b) angewandt wurde, wo das moderne Französisch *quelque*
*chose* setzen würde,

c) mit *ne* und *pas* verbunden wurde.

a) Calvin 4. 16. 17. *Et sauroit-on dire chose plus ou-*
*vertement que ceci?*

b) Calvin 1. 8. 3. *s'il eust rien mis en avant incognu*
*et non ouy, il n'y avoit nul accos.*

Id. 2. 15. 2. *tous ceux qui veulent rien adjouster, deroguent à*
*son authorité.*

Marot I. 35. *Disant que c'estoit vitupere*
*De prendre rien sans congé d'eulx.*

Regn. Sat. II. 224. *Le sommelier me prit et m'enferme en la*
*cave,*
*Où, beuvant et mangeant, je fis mon coup*
*d'essay,*
*Et où, si je sçay rien, j'apris ce que je sçay.*
(Das einzigste Mal, dass Regnier *rien* in diesem Sinne anwendet.)

Mol. Sicilien. 10. — *Contre la coutume de France, qui ne veut*
*pas qu'un gentilhomme sache rien faire.*

c) Mol. Femm. sav. II. 6. *Et tous vos biaux dictons ne*
*servent pas de rien.*
(cf. die Beispiele Chassang, N. Gr. § 388).

2. *De* wurde oft vor einem mit *rien* verbundenen Adjectiv
unterdrückt. Nach Littré (cf. Dict. u. d. W. *rien*) hat diese
Unterdrückung noch statt im archaischen und poetischen Stil.

Mont. I. 25. *Il n'est rien si gentil que les petits enfans en*
*France.*

Malh. II. 1. *Et n'ayant rien si cher que ton obéissance.*

Corn. Theod. IV. 5. *Qu'il n'en échappe rien trop indigne de*
*vous.*
(cf. *tel* Nro. 5).

# Vita.

Am 24. Februar 1857 wurde ich, Carl, Wolfgang, Hermann, Ernst Lahmeyer, als Sohn des 1859 in Hannover verstorbenen Königlichen Wasserbau - Inspectors Lahmeyer, zu Neuhaus a./Oste geboren. Ich bin evang. luth. Confession. Nachdem ich Ostern 1878 auf dem Gymnasium zu Göttingen mein Abiturientenexamen bestanden hatte, bezog ich die Technische Hochschule zu Hannover. Im Mai 1880 verliess ich dieselbe und wurde auf der Universität Göttingen als Studirender der Neueren Sprachen immatriculirt. Dort bestand ich im Februar 1886 mein Staatsexamen. Vorlesungen habe ich gehört bei folgenden Herren Professoren und Docenten: Andresen, Baumann, Goedeke, G. E. Müller, Th. Müller, Napier, Vollmöller.

Es ist mir eine angenehme Pflicht, allen diesen Herren, besonders Herrn Professor Vollmöller, sowie den Herren Professoren Varnhagen und J. Müller in Erlangen an dieser Stelle meinen aufrichtigsten Dank auszusprechen.